soir de semaine
sans gluten

plus de 100 recettes à cuisiner sans tracas

Recettes et texte **Kristine Kidd**

Photographies **Kate Sears**

Traduit de l'anglais (États-Unis) par Paulette Vanier

LES ÉDITIONS DE
L'HOMME

Une société de Québecor Média

Infographie : Chantal Landry
Correction : Lucie Dessaulniers

04-14

© 2013, Weldon Owen, Inc. and Williams-Sonoma, Inc.

Traduction française :
© 2014, Les Éditions de l'Homme,
division du Groupe Sogides inc.,
filiale de Québecor Média inc.
(Montréal, Québec)

L'ouvrage original a été publié
par Weldon Owen Production Inc.
sous le titre *Weeknight Gluten Free*

Dépôt légal : 2014
Bibliothèque et Archives nationales du Québec

ISBN 978-2-7619-4078-8

Imprimé en Chine

Catalogage avant publication de Bibliothèque et Archives nationales du Québec et Bibliothèque et Archives Canada

Kidd, Kristine

[Weeknight gluten free. Français]

Soir de semaine sans gluten : plus de 100 recettes à cuisiner sans tracas

Traduction de : Weeknight gluten free
Comprend un index.

ISBN 978-2-7619-4078-8

1. Régimes sans gluten. 2. Régimes sans gluten - Recettes. 3. Livres de cuisine. I. Titre. II. Titre : Weeknight gluten free. Français.

RM237.86.K5214 2014   641.5'638   C2014-940301-1

DISTRIBUTEURS EXCLUSIFS :

Pour le Canada et les États-Unis :
MESSAGERIES ADP*
2315, rue de la Province
Longueuil, Québec J4G 1G4
Téléphone : 450-640-1237
Télécopieur : 450-674-6237
Internet : www.messageries-adp.com
* filiale du Groupe Sogides inc.,
  filiale de Québecor Média inc.

Pour la France et les autres pays :
INTERFORUM editis
Immeuble Paryseine, 3, allée de la Seine
94854 Ivry CEDEX
Téléphone : 33 (0) 1 49 59 11 56/91
Télécopieur : 33 (0) 1 49 59 11 33
Service commandes France Métropolitaine
Téléphone : 33 (0) 2 38 32 71 00
Télécopieur : 33 (0) 2 38 32 71 28
Internet : www.interforum.fr
Service commandes Export – DOM-TOM
Télécopieur : 33 (0) 2 38 32 78 86
Internet : www.interforum.fr
Courriel : cdes-export@interforum.fr

Pour la Suisse :
INTERFORUM editis SUISSE
Case postale 69 – CH 1701 Fribourg – Suisse
Téléphone : 41 (0) 26 460 80 60
Télécopieur : 41 (0) 26 460 80 68
Internet : www.interforumsuisse.ch
Courriel : office@interforumsuisse.ch
Distributeur : OLF S.A.
ZI. 3, Corminboeuf
Case postale 1061 – CH 1701 Fribourg – Suisse
Commandes :
Téléphone : 41 (0) 26 467 53 33
Télécopieur : 41 (0) 26 467 54 66
Internet : www.olf.ch
Courriel : information@olf.ch

Pour la Belgique et le Luxembourg :
INTERFORUM BENELUX S.A.
Fond Jean-Pâques, 6
B-1348 Louvain-La-Neuve
Téléphone : 32 (0) 10 42 03 20
Télécopieur : 32 (0) 10 41 20 24
Internet : www.interforum.be
Courriel : info@interforum.be

Gouvernement du Québec – Programme de crédit d'impôt pour l'édition de livres – Gestion SODEC – www.sodec.gouv.qc.ca

L'Éditeur bénéficie du soutien de la Société de développement des entreprises culturelles du Québec pour son programme d'édition.

Conseil des Arts   Canada Council
du Canada   for the Arts

Nous remercions le Conseil des Arts du Canada de l'aide accordée à notre programme de publication.

Nous remercions le gouvernement du Canada de son soutien financier pour nos activités de traduction dans le cadre du Programme national de traduction pour l'édition du livre.

Nous reconnaissons l'aide financière du gouvernement du Canada par l'entremise du Fonds du livre du Canada pour nos activités d'édition.

Une nouvelle approche de l'alimentation

La bonne bouffe ayant toujours été au cœur de mon existence, c'est tout naturellement que j'ai entrepris de travailler pour l'un des magazines culinaires les plus importants au pays. Durant plus de vingt ans, j'ai en effet agi comme directrice de contenu pour *Bon Appétit*, présentant des recettes de plats savoureux à nos quelque sept millions de lecteurs. J'avais entre autres choses pour tâche de goûter les plats. Toutefois, récemment, j'ai dû modifier entièrement mon approche de l'alimentation.

Petite, j'ai souffert de maladie cœliaque. Les médecins avaient expliqué à ma mère que si je m'abstenais de consommer du gluten durant mes trois premières années, je serais guérie. J'ai longtemps cru cette histoire, en dépit du fait que je n'ai jamais cessé de souffrir de troubles digestifs. Cependant, il y a peu de temps, mes symptômes se sont aggravés : manger provoquait des ballonnements pénibles et je souffrais de troubles gastro-intestinaux et de douleurs articulaires. J'étais

souvent fatiguée et ne cessais de perdre du poids malgré les quantités énormes
de chocolat que j'avalais pour me redonner de l'énergie (je ne me plains pas de cet
aspect-là...) J'ai finalement compris que mon intolérance au gluten était réapparue
et que mon système était complètement chamboulé. Dès lors, je connaissais ma
ligne de conduite : continuer à manger sainement, en optant pour les ingrédients
frais du marché comme je l'avais toujours fait, à cette différence près que je devais
désormais exclure le blé, le seigle, l'orge et tous les autres aliments renfermant du
gluten. Comme tout ce qui tourne autour de la nourriture m'intéresse, ce défi s'est
transformé en un projet captivant dont j'ai retiré beaucoup de plaisir. J'ai assisté
à moult conférences portant sur la maladie cœliaque, lu des bouquins et, surtout,
multiplié les expériences culinaires.

Les cent recettes de ce livre sont le fruit d'une année d'expérimentation. Volaille,
poisson, fruits de mer, viande, plats végétariens et desserts y figurent en bonne
place. Vous y trouverez également des conseils sur la cuisine de saison, les repas
à confectionner en semaine et l'alimentation sans gluten en général, dont une liste
des denrées à stocker et une autre comprenant mes produits sans gluten préférés.

Je préfère déguster des plats appétissants qui sont naturellement sans gluten plutôt que des variantes décevantes de ceux qui renferment généralement du blé, du seigle ou de l'orge. J'ai découvert, pour ma plus grande joie, qu'on trouve dans le commerce des dizaines de variétés de pâtes sans gluten et que nombre d'entre elles sont excellentes. Les farines de quinoa, de maïs et de grains mélangés remplacent la semoule de blé dur, ce qui me permet de continuer à consommer mes plats de pâtes préférés. J'ai aussi découvert que les nouilles orientales étaient naturellement exemptes de gluten puisqu'elles sont généralement composées de farine de haricot mungo ou de riz.

J'ai toujours aimé les sauces légères. Depuis que j'ai modifié mon alimentation, j'ai élargi mon répertoire, ce dont je vous fais profiter dans ce livre : salsa verde, pestos aux noix, aux herbes et au citron, vinaigrettes et sauces audacieuses à l'huile, mayonnaise agrémentée d'herbes fraîches, relish de maïs ou de tomate, salsas de fruits frais et guacamole.

J'ai aussi découvert des substituts sans gluten fort intéressants pour les plats que je consommais habituellement avec des pâtes de blé ou du pain, par exemple la polenta crémeuse (page 115), qui ne demande que quelques minutes de cuisson au micro-ondes et qui accompagne à merveille les champignons sautés, le poulet ou les crevettes braisées. Je me sers aussi de semoule de maïs pour la confection de mon fond de pizza polenta (page 51). Je l'étale sur une plaque à pâtisserie, la cuis au four et la garnis de tomates et de fromage fondu. Je cuisine aussi souvent le quinoa, ce grain riche en protéines qui s'apprête de mille et une manières (page 75). Je prépare également la socca, crêpe de farine de pois chiches naturellement exempte de gluten (page 26), que je fais cuire au four et garnis de burrata et de légumes à feuilles vertes ; on peut aussi la griller à la poêle et l'accompagner de courgettes sautées et de gruyère, ou s'en servir comme trempette ou papillote. La pomme de terre étant un incontournable, je la cuis à la vapeur, la réduis en purée avec des herbes fraîches, de l'huile d'olive et un peu de bouillon (page 165), et la sers avec du bifteck ou des filets de poisson grillés. C'est de mon amour pour les pains artisanaux que découle mon intérêt pour le pain de maïs aromatique et tendre, cuit en poêle de fonte (page 138). Ma recette est tellement simple que je peux le préparer un soir de semaine ; c'est possiblement celle qui m'emballe le plus dans ce livre.

La tortilla de maïs se prête à merveille à la confection de roulés. Fidèle à la tradition mexicaine, je la fais griller à feu vif et la farcis de poulet grillé, thon sauté, bœuf épicé, haricots noirs en purée avec féta, restes, etc. Elle peut aussi se substituer à la crêpe façon mandarin pour accompagner le porc mu shu (page 155). Il importe toutefois de lire les étiquettes, histoire de s'assurer que les tortillas sont bel et bien exemptes de gluten. Pour les roulés, j'ai aussi mis au point une crêpe aux herbes (page 38), qui est en réalité une très fine omelette. Je la farcis de ricotta, champignons sautés, prosciutto, roquette ou de tout autre aliment que j'ai sous la main.

Pour le poisson ou le poulet pané et sauté, je remplace la chapelure ou la farine de blé par de la semoule de maïs ou un mélange de farines sans gluten. Pour les plats au four, ce sont les amandes, les pacanes et les croustilles de maïs qui en tiennent lieu. On peut aussi employer des croustilles de pomme de terre ou des flocons de maïs émiettés dans les plats destinés aux enfants (page 128).

Comme dessert, en semaine, je sers un fruit de saison accompagné de fromage ou des noix avec du yogourt à la grecque ou de la glace du commerce. Le week-end, je prépare des biscuits à la meringue (aromatisés d'épices, de noix ou de grains de chocolat) que je conserve dans un bocal en métal et sers en semaine, quand le temps me presse, de même que des biscuits aux flocons d'avoine que je mets au congélateur pour un usage ultérieur.

Ce que j'apprécie le plus dans cette approche, c'est que je n'ai pas le sentiment de me priver. J'ai servi plusieurs de ces plats à des amis qui consomment des aliments comprenant du gluten, de même qu'à mon mari, Steve. Aucun d'entre eux n'a remarqué ni ne s'est même douté que j'avais modifié mon alimentation. J'espère que vous apprécierez autant que nous les recettes que je propose dans ce livre.

Sans viande (ou presque)

Rien ne m'inspire autant que de déambuler dans les allées du marché en quête de fruits et légumes frais. Ces produits de saison conditionnent toute ma cuisine, particulièrement la préparation de mes repas sans viande qu'ils agrémentent de leurs couleurs et de leurs saveurs fabuleuses.

Repas sans viande

Je planifie généralement mes repas autour des produits frais que je trouve au marché. Bien que j'aime les fruits de mer, le poisson, la volaille et la viande, j'opte tout aussi souvent pour des repas sans viande, qui conviennent particulièrement à mon genre de cuisine et à mon mode de vie.

Alimentation végétarienne (ou presque)

Bien que je ne sois pas végétarienne, j'opte souvent pour des repas sans viande que je relève d'un peu de pancetta à l'occasion. Il faut peu de ce bacon non fumé à l'italienne pour rehausser la saveur des plats. Le bouillon de poulet confère également de la personnalité à mes plats par ailleurs végétariens, quoique le bouillon de légumes convienne aussi.

Cuisine de saison

Les légumes de saison sont généralement d'excellente qualité. Je cuisine aussi en tenant compte des saisons : plats légers au printemps et en été, plus consistants quand le froid s'installe. Pour en savoir plus sur les produits de saison, reportez-vous à la page 206.

Jardin de fines herbes

Les herbes fraîches sont indispensables à ma cuisine, d'autant plus qu'elles rehaussent la saveur des plats végétariens. Au début de notre relation, Steve, mon époux, m'a offert un jardinet de fines herbes pour mon anniversaire. Il s'est présenté à ma porte avec des pots de terre cuite, du terreau et des jeunes plants de fines herbes. Nous les avons plantées ensemble et, depuis, elles sont pour moi une source de joie et d'inspiration. J'en taille quelques tiges au besoin. Même si, comme moi, vous vivez dans une région froide, vous pouvez cultiver vos herbes sur l'appui d'une fenêtre ensoleillée.

Conservation des herbes fraîches

À défaut d'un jardin, procurez-vous de grosses bottes de persil, basilic ou coriandre que vous garderez sur le comptoir dans des verres remplis d'eau. Elles resteront fraîches plusieurs jours. Quant au thym, à la marjolaine et au romarin, mettez-les dans des sachets de plastique que vous gonflerez d'un peu d'air et fermerez hermétiquement, et conservez-les au réfrigérateur.

Œufs

Les œufs frais qu'on trouve au marché présentent souvent un jaune vivement coloré qui tire sur l'orangé. La possibilité de les obtenir d'un producteur local me plaît infiniment. Comme c'est un aliment qui se prépare rapidement, j'en sers souvent en semaine.

Tofu et légumineuses

Je cuisine souvent le tofu, aliment riche en protéines qui absorbe à merveille les saveurs des ingrédients avec lesquels il cuit et qui possède une agréable consistance viandeuse. Je préfère le ferme, qui préserve sa forme à la cuisson tout en étant moelleux au centre. Présenté dans l'eau ou en emballage aseptique, il doit être égoutté, rincé et égoutté de nouveau avant l'emploi. Quant aux légumineuses en boîte, que je cuisine volontiers en semaine, j'opte toujours pour celles qui sont issues de l'agriculture biologique, leur saveur étant, à mon avis, supérieure à celle des autres.

Concocter un repas sans viande

Le repas végétarien doit combler ses besoins et, surtout, ne pas laisser de sentiment de privation. J'opte d'abord pour un féculent sans gluten, tel que pâtes, quinoa, pomme de terre ou polenta, que je complète avec des ingrédients consistants, comme des œufs, des champignons et une abondance de légumes.

Pocher les œufs

Je préfère les œufs pochés, plutôt que cuits autrement. Je les dépose sur un ragoût de légumes, de la polenta ou des verdures sautées. Voici ma technique pour les réussir à tout coup : remplissez une grande poêle aux trois quarts d'eau salée et portez à ébullition. Ajoutez une giclée de vinaigre. Cassez un œuf dans une tasse puis faites-le glisser dans l'eau. Répétez avec les autres œufs. Portez l'eau à faible ébullition. Éteignez le feu, couvrez et laissez prendre environ 2 minutes.

Blanchir les légumes

Portez à ébullition une grande casserole remplie aux trois quarts d'eau. Préparez un grand bol d'eau glacée. Quand l'eau bout, ajoutez 2 c. à café de sel. Jetez les légumes dans l'eau bouillante. Dès qu'ils sont croquants, à peine tendres et vivement colorés, c'est-à-dire au bout de quelques secondes, retirez-les de l'eau à l'aide d'une écumoire ou une cuiller à égoutter, jetez-les dans l'eau glacée pour interrompre la cuisson et laissez-les-y une minute ou deux. Égouttez-les et séchez-les avant de les cuisiner. Quant aux petites pommes de terre, faites-les bouillir 10 minutes ou jusqu'à ce qu'elles soient tout juste tendres. Inutile de les mettre dans l'eau glacée.

Préparer et cuisiner les champignons

Riches en saveur umami et de consistance viandeuse, les champignons se prêtent particulièrement bien aux plats végétariens. Pour les nettoyer, il suffit simplement de les frotter à l'aide d'une brosse à légumes douce afin d'en éliminer la terre. Au besoin, frottez-les à l'aide d'un chiffon ou d'un essuie-tout humide. Évitez de les rincer sous l'eau ou de les faire tremper, au risque qu'ils ramollissent. À l'aide d'un couteau d'office, enlevez une fine tranche à la base du pied. Certaines variétés, notamment le shiitake, possèdent un pied coriace qu'il faut enlever avant l'emploi.

Cuisson des pâtes sans gluten

Comme les pâtes sans gluten sont plus collantes que les pâtes de blé, il importe de bien les remuer, particulièrement les spaghettis, les linguine et les autres pâtes longues, au moment de les jeter dans l'eau et de le faire fréquemment durant la cuisson.

Préparer le quinoa

Ce grain hautement protéiné comporte un résidu naturel particulièrement amer. Pour l'éliminer, rincez-le et égouttez-le à plusieurs reprises avant de le mettre à cuire. Sa saveur sera alors douce et il se prêtera à une foule de plats.

Garnie d'œufs frits, de légumes verts sautés et
de tomates cerises cuites, cette polenta crémeuse est
nettement meilleure que le pain grillé avec des œufs.
C'est le plat qui a convaincu mon mari que l'œuf
pouvait se consommer le soir.

Polenta, œufs frits, légumes à feuilles vertes et tomates

Huile d'olive, 2 c. à soupe

Tomates cerises ou raisins, 360 g
(2 tasses)

Oignon rouge, 90 g (½ tasse), émincé

Flocons de piment rouge

Bette à carde, grosse botte, tiges ôtées,
feuilles hachées

**Sel casher et poivre
fraîchement moulu**

Gros œufs, 4

Polenta crémeuse
(page 115), avec thym

2 PORTIONS

Mettez d'abord la
polenta à cuire. Vous
pourrez ajouter les herbes
et le fromage tandis
que les œufs cuisent.

1   Dans une grande poêle antiadhésive, chauffer l'huile à feu moyen-vif.
Ajouter les tomates et, en remuant à l'occasion, cuire 4 minutes ou jusqu'à
ce qu'elles éclatent. Déposer dans un bol. Faire sauter l'oignon et une pincée
de flocons de piment fort 1 minute dans la poêle. Ajouter la bette à carde,
saler et poivrer, et cuire 1 minute en remuant. Ajouter 60 ml (¼ tasse) d'eau
et, en remuant fréquemment, cuire 5 minutes ou jusqu'à ce que la bette
à carde soit tendre. Remettre les tomates dans la poêle et les réchauffer en
remuant. Baisser le feu à moyen-doux.

2   À l'aide d'une cuiller en bois, faire 4 creux dans la préparation. Casser un œuf
dans chacun d'eux ; saler et poivrer. Couvrir et cuire 4 minutes ou jusqu'à ce
que les blancs aient pris.

3   Répartir la polenta dans deux assiettes chaudes, en l'étalant en cercle
au milieu. À l'aide d'une spatule, déposer les œufs sur la polenta et disposer
les légumes autour. Servir aussitôt.

Ce plat crémeux et épicé s'inspire d'un cari à la citrouille qu'on sert dans un restaurant thaïlandais de ma région. Naturellement sans gluten, il tire sa riche consistance du lait de coco plutôt que de la farine.

Cari de tofu et de courge à la thaïlandaise

Huile végétale, 1 c. à soupe

Oignons verts, 4, parties blanches et vert clair tranchées séparément

Gingembre frais, 3 c. à soupe, émincé

Courge Butternut en cubes, 1 sachet (350 à 450 g/¾ à 1 lb)

Lait de coco, 1 boîte (400 ml/14 oz liq.)

Jus de citron vert frais, 2 c. à soupe

Sauce de poisson asiatique ou tamari sans gluten, 1½ c. à soupe

Pâte de Cari rouge thaïlandais, 1 c. à soupe

Sucre, 2 c. à café

Tofu ferme, 1 carton (420 g/14 oz), égoutté et coupé en morceaux de 2 cm (¾ po)

Feuilles de bette à carde, 60 g (2 tasses), hachées

Riz jasmin complet (page 214)

Basilic frais, 15 g (⅓ tasse), haché

4 PORTIONS

1   Chauffer l'huile dans une casserole épaisse de taille moyenne. Cuire le blanc des oignons verts et le gingembre 2 minutes ou jusqu'à ce qu'ils libèrent leur arôme. Ajouter la courge et cuire 1 minute. Ajouter le lait de coco, 180 ml (¾ tasse) d'eau, le jus de citron vert, la sauce de poisson, la pâte de cari et le sucre, et porter à faible ébullition. Incorporer le tofu. Couvrir partiellement et laisser mijoter 20 minutes ou jusqu'à ce que la courge soit tout juste tendre. Ajouter la bette à carde et la faire ramollir, environ 2 minutes.

2   Aérer le riz à la fourchette et répartir dans 4 bols chauds. Couvrir de cari. Parsemer du reste des oignons verts et de basilic. Servir aussitôt.

Pour des raisons de commodité, j'emploie des cubes de courge en sachet. Si vous n'en trouvez pas, pelez une courge et coupez la quantité requise de cubes pour obtenir 375 g (environ 2½ tasses).

J'aime la saveur de noisette du riz jasmin complet. Il prendra le même temps à cuire que ce qu'il faut pour préparer le cari.

Vous pouvez modifier la recette à volonté, par exemple en remplaçant la bette à carde par du rapini ou du chou frisé, et le tofu, par des pétoncles ou des cubes de poisson.

Dans ce plat, champignons et pâtes baignent dans
une sauce crémeuse aux œufs et au fromage aromatisée
à la sauge et au basilic frais. J'emploie un peu de pancetta,
qu'on peut facilement remplacer par de l'huile d'olive.

Spaghetti carbonara aux champignons

Pancetta, 45 g (1½ oz), hachée,
ou 1 c. à soupe d'huile d'olive

Cremini, 225 g (½ lb), tranchés

Oignon, ½, coupé en petits dés

Sauge fraîche, 1 c. à soupe, émincée

Flocons de piment rouge

**Sel casher et poivre noir fraîchement
moulu**

Spaghetti sans gluten, 180 g (6 oz)

Gros œufs, 2

Parmesan, 90 g (¾ tasse) fraîchement
râpé

Vin blanc sec, 60 ml (¼ tasse)

Persil plat ou basilic frais, 10 g
(¼ tasse), déchiré

2 PORTIONS ; DOUBLER AU BESOIN

1   Chauffer une grande poêle antiadhésive à feu moyen-vif. Faire sauter
la pancetta 3 minutes ou jusqu'à ce qu'elle commence à dorer. Ajouter les
champignons, l'oignon, la sauge et une pincée de flocons de piment rouge.
Saler et poivrer généreusement. Faire sauter 8 minutes ou jusqu'à ce que
les champignons soient tendres. Retirer la poêle du feu.

2   Jeter les pâtes dans une grande casserole d'eau bouillante salée et remuer.
En remuant fréquemment, les cuire al dente, environ 8 minutes. Entre-temps,
battre les œufs à la fourchette dans un petit bol et incorporer le fromage.

3   Réserver 125 ml (½ tasse) de l'eau de cuisson des pâtes et les égoutter.
Ajouter le vin à la préparation aux champignons et, en raclant le fond pour
en détacher toutes les particules, faire bouillir 1 minute ou jusqu'à réduction
de moitié. Retirer la poêle du feu. Ajouter les pâtes. Incorporer graduellement
au fouet 60 ml (¼ tasse) de l'eau de cuisson réservée dans la préparation aux
œufs. Verser la préparation dans la poêle et remuer jusqu'à ce qu'elle enrobe
les pâtes et soit crémeuse. Elle ne devrait pas être liquide. Si elle l'est, régler
le feu au minimum et cuire en remuant constamment jusqu'à consistance
crémeuse, en veillant à ce que la préparation ne bouille pas.

4   Retirer aussitôt du feu. Au besoin, ajouter ce qu'il faut du dernier ¼ tasse
(60 ml) d'eau de cuisson des pâtes pour obtenir une consistance soyeuse.
Répartir dans 2 bols chauds, garnir de persil ou de basilic et servir aussitôt.

Les pâtes sans gluten
étant plus collantes que
les pâtes de blé, il importe
de bien les remuer
au moment de les jeter
dans l'eau bouillante et
de le faire fréquemment
en cours de cuisson.

J'aime tellement les légumes trempés dans le houmous que, souvent, j'en fais l'élément central du repas. Carottes, fenouil, tomates et croustilles multigrains ou socca vous feront oublier facilement le pain pitta.

Assiette de légumes, olives et houmous de haricots blancs

On trouve du tahini, ou beurre de graines de sésame moulues, dans bon nombre de supermarchés, dans les magasins de produits naturels et dans les épiceries moyen-orientales. Remuez bien avant l'emploi.

Comme la recette est généreuse, vous aurez des restes à consommer ultérieurement au goûter ou comme entrée.

Pommes de terre à peau fine, 375 g (¾ lb), coupées sur la longueur en quartiers de 2,5 cm (1 po) de large

Échalote, 1 grosse, ou 2 petites gousses d'ail, grossièrement hachée(s)

Haricots cannellini, 2 boîtes (540 ml/15 oz liq. chacune), rincés et égouttés

Tahini, 150 g (½ tasse)

Jus de citron frais, 125 ml (½ tasse)

Huile d'olive extra-vierge, 60 ml (¼ tasse)

Assaisonnement au chili, 1½ c. à café

Aneth frais, 15 g (⅓ tasse), émincé

Sel casher et poivre noir fraîchement moulu

Feuilles de laitue, telles que romaine ou Boston

Carottes, 1 botte, pelées et coupées en morceaux de 5 cm (2 po)

Gros bulbe de fenouil, 1, paré et tranché

Tomates cerises, 360 g (2 tasses)

Olives Lucques ou Kalamata, 120 g (⅓ tasse)

Féta, 90 g (3 oz), coupée en morceaux de 2 cm (¾ po)

Croustilles multigrains sans gluten (J'aime bien celles de Food Should Taste Good)

4 PORTIONS

1 Cuire les pommes de terre à la vapeur 15 minutes ou jusqu'à ce qu'elles soient tout juste tendres. Laisser refroidir le temps de préparer le houmous.

2 Émincer l'échalote au robot culinaire. Ajouter les haricots, le tahini, le jus de citron, l'huile et l'assaisonnement au chili, et réduire en purée. Ajouter la quantité d'eau requise pour obtenir la consistance d'une mayonnaise épaisse. Incorporer l'aneth. Saler et poivrer au goût. Déposer dans un petit bol.

3 Tapisser une assiette de feuilles de laitue. Disposer le bol de houmous au centre et les pommes de terre, les carottes, le fenouil, les tomates, les olives et le fromage en tas autour. Servir avec les croustilles.

Cette variante d'un plat populaire servi au restaurant séduit par son fromage crémeux garni d'une sauce aux herbes et aux pistaches. Je sers aussi la sauce sur du poisson grillé, du saumon en particulier, ou du poulet.

Asperges, burrata et salsa verde aux pistaches

Huile d'olive extra-vierge, 6 c. à soupe

Basilic frais, 10 g (¼ tasse), haché finement

Pistaches grillées et salées, 30 g (¼ tasse), hachées finement

Échalote, 2 c. à soupe, émincée

Zeste de ½ citron, râpé

Sel casher et poivre fraîchement moulu

Asperges, 2 grosses bottes (environ 750 g/1½ lb en tout), parées

Burrata, 2 boules de 125 g (4 oz)

4 PORTIONS

1 Dans un petit bol, mélanger l'huile, le basilic, les pistaches, l'échalote et le zeste de citron. Saler et poivrer au goût.

2 Porter à ébullition une grande poêle remplie aux trois quarts d'eau salée. Ajouter les asperges, couvrir et faire bouillir selon leur taille 4 à 8 minutes ou jusqu'à ce qu'elles soient tout juste tendres. Bien égoutter.

3 Répartir les asperges dans 4 assiettes chaudes. Couper les boules de burrata en deux et, dans chaque assiette, en déposer une moitié sur les asperges, face coupée dessus. Napper de salsa verde à la cuiller et servir aussitôt.

Un dimanche matin, j'ai remplacé la burrata par des œufs pochés; ce fut un brunch mémorable!

J'achète la burrata dans un récipient de 250 g (8 oz), qui comprend deux boules de 125 g (4 oz).

Populaire en Provence, la socca est un pain plat sans gluten composé de farine de pois chiches. On peut la servir telle quelle comme plat d'accompagnement. La variante croustillante (à droite) peut être garnie de fromage ou de salade tandis que la tendre peut servir de fond de pizza ou de roulé farci à consommer comme un burrito.

Socca

Farine de pois chiches,
120 g (1 tasse) pour la socca croustillante
ou 210 g (1¾ tasse) pour la tendre

Huile d'olive

Romarin frais, 1½ c. à café, émincé

Sel casher et poivre fraîchement moulu

Socca croustillante

Dans un bol, mélanger 1 tasse (120 g) de farine de pois chiches, 250 ml (1 tasse) d'eau à température ambiante, 2 c. à soupe d'huile d'olive, le romarin, ¾ c. à café de sel et une bonne quantité de poivre. Battre au fouet. Employer aussitôt ou couvrir et laisser reposer à température ambiante 30 minutes à 2 heures, ou réfrigérer jusqu'au lendemain.

Mettre une grille dans le haut du four et préchauffer à 260 °C (500 °F). Allumer le gril et passer 2 minutes au four 2 moules à gâteaux de 23 cm (9 po). Les sortir avec précaution, verser 1 c. à soupe d'huile dans chacun et faire tourner pour couvrir le fond. Remettre au four 2 minutes ou jusqu'à ce que l'huile commence à fumer. Sortir les moules avec précaution et y répartir également la pâte, en les faisant tourner pour couvrir le fond. En surveillant attentivement la cuisson, griller les soccas 7 à 12 minutes ou jusqu'à ce qu'elles soient fermes et dorées par endroits. Servir aussitôt. Donne 2 soccas croustillantes.

Socca tendre

Dans un bol, mélanger 500 ml (2 tasses) d'eau, 210 g (1¾ tasse) de farine de pois chiches, 1½ c. à soupe d'huile, le romarin, ¾ c. à café de sel et une bonne quantité de poivre. Battre au fouet. Préchauffer le four à 165 °C (325 °F). Tapisser 2 grandes plaques à pâtisserie de papier parchemin et enduire légèrement d'huile. Enduire légèrement d'huile une poêle antiadhésive de 25 cm/10 po (dont le fond fait 19 cm/7½ po) et chauffer à feu moyen-vif. Verser le quart de la pâte et faire tourner la poêle pour couvrir le fond. Cuire 2 minutes ou jusqu'à ce que des bulles se forment à la surface et que le dessous soit doré. À l'aide d'une spatule en silicone, retourner la socca et cuire 1 minute de plus ou jusqu'à ce que le dessous soit doré par endroits. Déposer sur le papier parchemin. Cuire le reste de pâte de sorte qu'il y ait 4 soccas en tout. Réchauffer 5 minutes au four et servir, ou couvrir au sortir du four de garnitures et cuire en suivant les indications de la recette. Donne 4 soccas tendres.

J'ai découvert que la socca, pain plat à base de pois chiches, constituait un excellent fond pour le burrata crémeux. On peut préparer la pâte et l'employer aussitôt, mais il vaut mieux qu'elle repose au moins 30 minutes.

Socca croustillante, burrata, verdures et sauce aux olives

Préparez la sauce et arrosez-en la roquette tandis que la socca cuit. Ainsi, elle sera prête quand viendra le temps de garnir cette dernière.

Si possible, préparez la pâte la veille ou le matin et mettez-la au réfrigérateur. Vous pourrez alors préparer rapidement votre repas au retour du travail.

Olives Kalamata dénoyautées, 30 g (¼ tasse)

Huile d'olive extra-vierge, 85 ml (⅓ tasse)

Vinaigre de vin rouge, 2 c. à soupe

Poivre fraîchement moulu

Roquette ou petites verdures, environ 120 g (4 tasses)

Socca croustillante (page 26)

Burrata, 2 boules de 125 g (4 oz)

2 PORTIONS

1 Hacher finement les olives au robot culinaire. Ajouter l'huile et le vinaigre, et réduire en sauce. Poivrer au goût (les olives fournissent probablement assez de sel).

2 Déposer la roquette dans un grand bol. Napper de la moitié de la sauce et bien remuer de manière à enrober les feuilles.

3 Démouler la socca et la répartir dans 2 assiettes. Trancher la burrata et disposer sur la socca. Arroser du reste de sauce, garnir de roquette et de sa sauce, et servir aussitôt.

Pois chiches tendres et carottes sucrées cuisent dans une sauce épicée et sont ensuite garnis de yogourt préparé à l'indienne. Excellent substitut du couscous, le quinoa blanc est très riche en protéines.

Carottes et pois chiches braisés, garnis de yogourt

Carottes fines, 450 g (1 lb), avec leur peau

Huile d'olive, 4 c. à soupe plus 1½ c. à café

Gros oignon, 1, haché grossièrement

Paprika doux, 2 c. à café

Cumin moulu, 1 c. à café

Cannelle et gingembre moulus, ½ c. à café chacun

Piment de Cayenne, ¼ c. à café

Pois chiches, 2 boîtes (540 ml/18 oz liq. chacune), rincés et égouttés

Tomates en dés avec leur jus, 2 boîtes (540 ml/18 oz liq. chacune)

Raisins secs, 180 g (1 tasse)

Sel casher et poivre noir fraîchement moulu

Quinoa, 270 g (1½ tasse)

Yogourt à la grecque nature, 120 g (½ tasse)

Feuilles de coriandre fraîche et amandes tranchées et grillées, en garniture

4 PORTIONS

1 Couper les carottes en deux sur la longueur puis en quatre en travers. Dans une grande poêle antiadhésive, chauffer 2 c. à soupe d'huile à feu moyen. Faire sauter l'oignon et les carottes 5 minutes ou jusqu'à ce que l'oignon soit tendre. Ajouter le paprika, le cumin, la cannelle, le gingembre et le piment de Cayenne, et cuire 10 secondes en remuant. Ajouter les pois chiches, les tomates et leur jus, les raisins secs et 250 ml (1 tasse) d'eau. Saler et poivrer. Porter à ébullition, baisser le feu, couvrir et laisser mijoter 20 minutes ou jusqu'à ce que les carottes soient tout juste tendres.

2 Rincer et égoutter le quinoa 4 fois et le mettre dans une casserole. Ajouter 560 ml (2¼ tasses) d'eau et une pincée de sel, et porter à ébullition. Baisser le feu à doux, couvrir et laisser mijoter 15 minutes ou jusqu'à absorption complète de l'eau. Éteindre le feu et laisser reposer au moins 5 minutes.

3 Dans un petit bol, mélanger le yogourt et 1 c. à soupe d'huile. Saler et poivrer au goût. Aérer le quinoa à la fourchette et incorporer le reste d'huile (1 c. à soupe plus 1½ c. à café).

4 Répartir le quinoa dans des assiettes chaudes. Saler et poivrer la préparation aux pois chiches et déposer à la cuiller sur le quinoa. Garnir de yogourt. Parsemer de coriandre et d'amandes, et servir aussitôt.

Optez pour le yogourt de votre choix — entier, à 2 % ou sans gras. Ce plat complet ne requiert aucun accompagnement.

J'ai découvert la pizza à base de socca la première fois que j'ai mangé dans un restaurant où l'on offrait des plats sans gluten. Cet usage inhabituel m'a ouvert de nouvelles perspectives. La socca est simple à préparer.

Socca tendre, courgette, basilic et gruyère

Variez les garnitures au goût : j'aime bien le gouda avec des portobello sautés et du radicchio finement tranché, et le gorgonzola avec des oignons caramélisés.

La socca nature peut remplacer les tortillas de blé ou le pain. On peut aussi se servir des pointes comme d'une cuillère pour le houmous.

Socca tendre (page 26)

Huile d'olive, 1½ c. à soupe

Flocons de piment rouge, ½ c. à café

Courgette jaune ou verte, 450 g (1 lb), tranchée

Oignon rouge, 270 g (1½ tasse), émincé

Sel casher et poivre noir fraîchement moulu

Vinaigre balsamique, 1 c. à soupe

Gruyère ou comté vieilli, environ 210 g (2½ tasses), râpé grossièrement

Basilic frais, 15 g (⅓ tasse), haché

4 PORTIONS

1   Préchauffer le four à 165 °C (325 °F). Préparer les soccas en suivant la recette. Entre-temps, chauffer l'huile à feu moyen-vif dans une grande poêle antiadhésive. Ajouter les flocons de piment rouge, puis la courgette et l'oignon ; saler et poivrer. Faire sauter 5 minutes ou jusqu'à ce que la courgette soit légèrement croustillante. Ajouter le vinaigre et cuire en remuant jusqu'à complète évaporation. Retirer du feu. Goûter et rectifier l'assaisonnement.

2   Sortir les soccas du four et les parsemer de fromage. Répartir la préparation à la courgette sur les soccas. Enfourner et laisser cuire 4 minutes ou jusqu'à ce que le fromage fonde. Déposer les soccas dans 4 assiettes chaudes. Parsemer de basilic et servir aussitôt.

Quand j'ai renoncé au gluten, il n'était pas question de me priver de pâtes au pesto. Je me suis donc procuré des pâtes sans gluten. Cette sauce peut aussi accompagner du poulet ou du poisson.

Penne, pesto aux noix et pois

Feuilles de basilic frais, 60 g (2 tasses), tassées

Échalotes, 2, ou 1 gousse d'ail, hachée(s) grossièrement

Noix de Grenoble, 30 g (¼ tasse)

Zeste de citron, 2 c. à café, finement râpé

Sel casher et poivre noir fraîchement moulu

Huile d'olive extra-vierge, 60 ml (¼ tasse)

Pecorino romano, 30 g (¼ tasse), fraîchement râpé, plus au besoin

Penne sans gluten, 225 g (½ lb)

Pois mange-tout, 300 g (10 oz), fils ôtés

Petits pois écossés frais, 300 g (10 oz), ou 1 sachet (300 g/10 oz) de petits pois surgelés

4 PORTIONS

1 Dans un robot culinaire, moudre finement le basilic, les échalotes, les noix, le zeste de citron et ½ c. à café de sel. En laissant l'appareil tourner, ajouter graduellement l'huile. Incorporer ¼ tasse (30 g) de fromage. Saler au goût et poivrer généreusement.

2 Jeter les pâtes dans une grande casserole d'eau bouillante salée et remuer. En remuant à l'occasion, les cuire 5 minutes (ou 4 minutes de moins que le temps indiqué sur l'emballage). Ajouter les pois mange-tout et les petits pois et, en remuant à l'occasion, cuire 4 minutes de plus ou jusqu'à ce que les pâtes soient al dente.

3 Réserver 180 ml (¾ tasse) de l'eau de cuisson des pâtes. Égoutter les pâtes et les pois. Verser le pesto dans un grand bol. Incorporer au fouet ce qu'il faut d'eau de cuisson pour étendre la sauce. Ajouter les pâtes et les légumes, et remuer. Au besoin, étendre davantage la sauce et saler. Servir aussitôt, en accompagnant du reste du fromage.

N'hésitez pas à faire l'essai des nombreuses variétés et formes de pâtes sans gluten qu'on trouve aujourd'hui dans le commerce, histoire de découvrir celles que vous aimez le mieux. Vous trouverez la liste de mes préférées à la page 217.

Dans ce plat, les tortillas de maïs sans gluten remplacent les habituels roulés à la farine de blé. La salsa au maïs frais et aux tomates l'enrichit de ses couleurs et de ses saveurs. Le plat se prépare en un rien de temps.

Quesadillas aux haricots noirs et à la féta

Huile d'olive, 2 c. à soupe, plus au besoin

Grains de maïs provenant d'un gros épi

Sel casher et poivre noir fraîchement moulu

Tomate, 1, épépinée et hachée

Oignon rouge, 3 c. à soupe plus 90 g (½ tasse), émincé

Coriandre fraîche, 3 c. à soupe, émincée

Jus de citron vert frais, 1 c. à soupe

Piment serrano, ½ petit, épépiné et émincé

Graines d'anis, ⅛ c. à café

Haricots noirs, 1 boîte (540 ml/18 oz liq.), égouttés, liquide réservé

Tortillas de maïs sans gluten, 6 (de 14 à 15 cm/5½ à 6 po de diamètre)

Féta, environ 90 g (¾ tasse), émiettée

Radis

2 PORTIONS ; DOUBLER AU BESOIN

J'assaisonne souvent les haricots noirs avec une pincée de graines d'anis, dont la saveur rappelle celle des feuilles d'avocat qui entrent dans la confection des plats mexicains authentiques.

1 Dans une grande poêle antiadhésive, chauffer 1 c. à soupe d'huile à feu moyen-vif. Ajouter le maïs, saler et poivrer. Faire sauter 1 minute ou jusqu'à ce que le maïs soit légèrement croquant. Déposer dans un bol. Incorporer la tomate, les 3 c. à soupe d'oignon, la coriandre, le jus de citron vert et le piment. Assaisonner au goût.

2 Chauffer dans la poêle 1 c. à soupe d'huile à feu moyen-vif. Faire sauter 90 g (½ tasse) d'oignon et les graines d'anis 2 minutes ou jusqu'à ce que l'oignon ramollisse. Incorporer les haricots. Faire mijoter en écrasant les haricots à la cuiller pour en faire une purée grossière et en ajoutant le liquide réservé si la préparation est sèche. Retirer du feu et assaisonner au goût.

3 Chauffer une poêle gril ou une grande poêle à feu moyen-doux. Enduire d'huile d'olive. Faire ramollir 2 tortillas environ 30 secondes. Les retourner. Étaler 2 c. à soupe de préparation aux haricots sur une moitié de chaque tortilla en laissant un bord. Parsemer de 2 c. à soupe de fromage. Replier l'autre moitié sur la garniture et appuyer légèrement. Faire dorer les tortillas environ 3 minutes par face. Déposer dans des assiettes chaudes. Répéter avec le reste de haricots et de fromage, en ajoutant de l'huile au besoin. Répartir les quesadillas dans des assiettes chaudes. Servir aussitôt avec la salsa et les radis.

J'aime la polenta depuis que je l'ai découverte en Italie et d'autant plus depuis que j'ai renoncé au gluten. Dans ce plat, elle sert de base aux œufs pochés et aux champignons mijotés avec des échalotes, du thym et du vin.

Polenta, œufs pochés et ragoût de champignons

Huile d'olive, 2 c. à soupe

Cremini, 300 g (10 oz), tranchés

Shiitakes, 90 à 120 g (3 à 4 oz), pieds ôtés, coupés en tranches épaisses

Sel casher et poivre noir fraîchement moulu

Échalotes, 2, émincées

Thym frais, 1 c. à soupe, émincé, plus pour garnir

Vin blanc sec, 80 ml (⅓ tasse)

Pâte de tomate, 1 c. à café

Polenta crémeuse (page 115), avec thym

Œufs pochés (page 16), 2 ou 4

2 PORTIONS ; DOUBLER AU BESOIN

1 Dans une grande poêle antiadhésive chauffer l'huile à feu moyen-vif. Ajouter les cremini et les shiitake, saler et poivrer. Faire sauter 3 minutes ou jusqu'à ce que les champignons commencent à ramollir. Ajouter 3 c. à soupe d'échalotes et 1 c. à soupe de thym, et faire sauter 2 minutes. Ajouter le vin et la pâte de tomate, et laisser mijoter 1 à 2 minutes ou jusqu'à ce que le liquide soit sirupeux. Rectifier l'assaisonnement. Couvrir et réserver au chaud.

2 Préparer la polenta en ajoutant le reste des échalotes dans le bol avant de la cuire. Tandis qu'elle cuit, faire pocher les œufs.

3 Répartir la polenta dans 2 assiettes chaudes, en l'étalant en cercle. Déposer les champignons à la cuiller sur la polenta. À l'aide d'une écumoire, retirer les œufs de l'eau un à un, égoutter le surplus d'eau et déposer sur les champignons. Saupoudrer les œufs de thym et de poivre, et servir aussitôt.

Quand je suis pressée ou que je n'ai pas d'œufs, je les remplace par du gruyère râpé ou du gorgonzola émietté dont je parsème les champignons.

Si les fromages bleus ont déjà constitué une source de préoccupation, les moisissures employées pour les fabriquer étant cultivées sur du pain, aujourd'hui, le gorgonzola et certains autres bleus sont exempts de gluten.

«Crêpes» aux herbes

En voyant l'illustration des fines omelettes présentées dans *Plenty,* le livre de Yotam Ottolenghi, j'ai pensé qu'elles pourraient remplacer avantageusement les crêpes. Celles que j'ai obtenues sont tellement fines qu'on s'y tromperait, à cette différence près qu'elles sont exemptes de farine et d'une grande délicatesse. On peut les farcir d'une foule d'ingrédients; voyez mes préférés à droite. Disposez-les en couches sur une moitié de la crêpe, repliez l'autre moitié sur la garniture puis repliez à nouveau, en formant un éventail. Réchauffez environ 5 minutes dans un four réglé à 165 °C (325 °F) ou servez à température ambiante.

Gros œufs, 6

Lait, 60 ml (¼ tasse)

Oignons verts, 4, émincés

Herbes fraîches mixtes, telles que persil plat, thym et estragon, 20 g (½ tasse) émincées

Sel casher et poivre fraîchement moulu

Huile d'olive, 1 c. à café, plus au besoin

4 CRÊPES ; 2 PORTIONS

Dans un bol moyen, mélanger les œufs, le lait, les oignons verts, les herbes et une pincée de sel et de poivre. Battre à la fourchette.

Enduire d'huile une plaque à pâtisserie. Chauffer 1 c. à café d'huile à feu moyen-vif dans une poêle antiadhésive de 25 cm (10 po). Baisser le feu à moyen. Verser le quart de la préparation aux œufs dans la poêle en la faisant tourner pour couvrir le fond. Cuire 1½ à 2 minutes ou jusqu'à ce que la préparation prenne en surface, en faisant tourner la poêle pour répandre les parties encore crues. Faire glisser la crêpe sur la plaque. En ajoutant de l'huile au besoin, préparer les autres crêpes de la même manière (4 en tout).

On peut farcir ces crêpes avec de nombreux ingrédients:

Saucisse, crevettes ou pétoncles sautés

Tranches de prosciutto

Cheddar, fontina, gruyère ou manchego râpé

Féta ou chèvre émietté

Champignons sautés avec gruyère râpé

Moitiés de tomates cerises sautées avec féta ou chèvre émietté

Légumes à feuilles vert foncé avec féta ou chèvre émietté

Poivrons rouges sautés avec manchego râpé

Vous pouvez garnir ce plat irrésistible de divers ingrédients, par exemple de prosciutto ou de saumon fumé. Ou encore, remplacez la ricotta par des verdures, des champignons sautés ou du gruyère râpé.

«Crêpes» aux herbes, ricotta et salade printanière

Ricotta de lait entier, 240 g (1 tasse)

Oignons verts, 3, émincés

Pecorino romano, 3 c. à soupe, finement râpé

Thym frais, 2 c. à café, émincé

Huile d'olive, 60 ml (¼ tasse), plus au besoin

Sel casher et poivre noir fraîchement moulu

Jus de citron frais, 1 c. à soupe

Moutarde de Dijon sans gluten, 1 c. à café

« Crêpes » aux herbes (page 38)

Petites feuilles de chou frisé ou verdures mixtes, 90 g (3 tasses)

Radis, 6, tranchés

Pistaches grillées et salées, ou amandes ou pignons grillés, 30 g (¼ tasse), hachées grossièrement

2 PORTIONS ; DOUBLER AU BESOIN

La dernière fois que j'ai préparé ce plat, j'ai découvert à l'épicerie des sachets de petites feuilles de chou frisé qui conviennent particulièrement pour la salade. On peut aussi employer des miniverdures.

1   Préchauffer le four à 165 °C (325 °F). Dans un bol moyen, mélanger la ricotta, les deux tiers des oignons verts, le pecorino, le thym et 1 c. à soupe d'huile. Saler et poivrer au goût. Dans un petit bol, mélanger le jus de citron et la moutarde. Incorporer graduellement au fouet 3 c. à soupe d'huile et le reste des oignons verts. Saler et poivrer au goût.

2   Étaler le quart de la préparation à la ricotta sur la moitié de chaque crêpe. Replier l'autre moitié de la crêpe sur la garniture, puis plier de nouveau en deux, en formant un éventail. Enfourner les crêpes et les réchauffer environ 5 minutes.

3   Entre-temps, mélanger dans un saladier le chou frisé et les radis. Napper de sauce et remuer. Ajouter les pistaches et remuer. Saler et poivrer au goût.

4   Disposer 2 crêpes farcies dans chaque assiette et la salade à côté. Servir aussitôt.

Aubergines grillées, tomates mûres et fromage crémeux assaisonné au basilic et au vinaigre balsamique composent ce plat végétarien qui s'inspire de la lasagne. Servez-le avec des pointes de socca souple (page 26).

Aubergines grillées, tomates et fromage de chèvre

Huile d'olive extra-vierge, 6 c. à soupe

Basilic frais, 10 g (¼ tasse), émincé

Échalotes, 30 g (¼ tasse), émincées

Vinaigre balsamique, 2 c. à soupe

Tomates de variétés anciennes, 300 g (10 oz), parées et hachées (environ 1½ tasse)

Sel casher et poivre noir fraîchement moulu

Petites aubergines italiennes fines, 4 (environ 240 g/8 oz)

Chèvre frais, environ 90 g (¾ tasse), émietté

4 PORTIONS

Les tomates fraîches de variétés anciennes confèrent toute sa saveur à ce plat. J'aime bien la Cherokee et la Brandywine, mais rien ne vous empêche d'opter pour une autre variété.

1   Dans un petit bol, mélanger l'huile, le basilic, les échalotes et le vinaigre. Dans un autre petit bol, mélanger les tomates hachées et 2 c. à soupe de la préparation à l'huile. Saler et poivrer au goût.

2   Couper les extrémités des aubergines. Couper les aubergines en deux sur la longueur et disposer les moitiés sur une petite plaque à pâtisserie huilée. Enduire les deux faces coupées de la préparation à l'huile, saler et poivrer légèrement.

3   Préparer le barbecue pour la cuisson directe à feu vif. Déposer les aubergines sur la grille, couvrir et griller 8 minutes par face ou jusqu'à ce qu'elles soient tendres. Les remettre sur la plaque à pâtisserie. Répartir le fromage entre les moitiés d'aubergine. Poser la plaque sur le barbecue, couvrir et cuire 3 minutes ou jusqu'à ce que le fromage commence à fondre.

4   À l'aide d'une spatule de métal, déposer les aubergines dans des assiettes chaudes. Garnir à la cuiller de préparation à la tomate et servir aussitôt.

Dans ce plat riche en saveurs, crème, gruyère et parmesan vieillis prennent en fondant une consistance crémeuse et tiennent lieu de sauce épaissie à la farine. Servez-le avec une salade de romaine fraîche.

Macaroni au fromage, bette à carde et chapelure à la sauge

Huile d'olive, 1½ c. à soupe

Gros oignon, ½, haché finement

Bette à carde, ½ grosse botte, tiges ôtées, feuilles hachées

Sel casher et poivre noir fraîchement moulu

Crème épaisse, 125 ml (½ tasse)

Coudes ou coquilles sans gluten, 225 g (½ lb), (j'aime bien Ancient Harvest)

Sauge fraîche, 1 c. à soupe, émincée

Pain sans gluten, 1 tranche, émietté au robot culinaire (environ 30 g/ ½ tasse)

Gruyère vieilli, environ 90 g (1 tasse), râpé

Parmesan, 2 c. à soupe, fraîchement râpé

4 PORTIONS

1. Dans une grande poêle antiadhésive, chauffer 1 c. à soupe d'huile à feu moyen. Faire sauter l'oignon 4 minutes ou jusqu'à ce qu'il commence à ramollir. Ajouter la bette à carde ; saler et poivrer. Faire sauter 4 minutes ou jusqu'à ce que la bette à carde soit tendre. Incorporer la crème et retirer du feu.

2. Entre-temps, porter à ébullition une grande casserole remplie aux trois quarts d'eau salée. Jeter les pâtes dans l'eau et remuer. En remuant fréquemment, les cuire al dente, environ 7 minutes.

3. Dans une petite poêle antiadhésive, chauffer la dernière ½ c. à soupe d'huile à feu moyen. En remuant, cuire la sauge 30 secondes ou jusqu'à ce qu'elle libère son arôme. Ajouter la chapelure et, en remuant fréquemment, cuire 4 minutes ou jusqu'à ce qu'elle soit dorée et croustillante. Saler et poivrer au goût.

4. Réserver 125 ml (½ tasse) de l'eau de cuisson des pâtes. Égoutter les pâtes et les ajouter à la préparation à la bette à carde. Ajouter les fromages et cuire à feu moyen en remuant jusqu'à ce que le fromage fonde et que les pâtes soient bien enrobées ; étendre d'eau de cuisson au besoin. Saler au goût et poivrer généreusement. Répartir les pâtes dans 4 assiettes chaudes. Parsemer de chapelure et servir aussitôt.

Pour ce plat, j'emploie des pâtes composées d'un mélange de farine de quinoa et de maïs.

Le cheddar vieilli convient aussi à ce plat. Vous pouvez également remplacer la bette à carde par d'autres légumes à feuilles. Si vous optez pour le chou frisé, vous devrez le faire sauter quelques minutes de plus.

Comme bien des malades cœliaques, j'ai dû renoncer aux produits laitiers un certain temps mais, au bout de quelques mois d'une alimentation sans gluten, j'ai pu consommer du fromage à nouveau.

Cette soupe crémeuse aromatisée à la sauge et au piment est exempte de crème ou de farine, la fécule des haricots agissant comme épaississant. J'ai créé mon pain de maïs à la poêle (page 138) pour l'accompagner.

Soupe de haricots blancs, chou frisé et sauge

À défaut d'en trouver qui soit à faible teneur en sodium, remplacez 500 ml (2 tasses) de bouillon par la même quantité d'eau.

La bette à carde peut se substituer au chou frisé dans ce plat. Elle mettra environ 3 minutes à cuire dans la soupe.

Huile d'olive, 1 c. à soupe

Pancetta, 45 g (1½ oz), hachée (facultatif)

Gros oignon, 1, haché finement

Sauge fraîche, 1 c. à soupe, émincée

Flocons de piment rouge, ¼ c. à café

Bouillon de légumes ou de poulet à faible teneur en sodium et sans gluten, 1 L (4 tasses)

Haricots blancs, 2 boîtes (540 ml/18 oz liq. chacune), rincés et égouttés

Chou frisé, 1 grosse botte, tiges ôtées, feuilles hachées grossièrement

Sel casher et poivre noir fraîchement moulu

4 PORTIONS

1 Dans une grande casserole, chauffer l'huile à feu moyen. Ajouter la pancetta, si désiré, et faire sauter 1 minute. Ajouter l'oignon, la sauge et les flocons de piment, et faire sauter 8 minutes ou jusqu'à ce que l'oignon soit translucide. Ajouter le bouillon et les haricots. Porter à ébullition, baisser le feu à doux et, en remuant à l'occasion, laisser mijoter 20 minutes.

2 Ajouter le chou frisé haché et laisser cuire 8 minutes ou jusqu'à ce qu'il ramollisse. Si désiré, étendre la soupe d'eau. Saler et poivrer au goût. Déposer à la louche dans des bols chauds et servir aussitôt.

J'ai concocté cette salade modérément épicée pour la répétition du repas de mariage de mon cousin et plusieurs m'en ont demandé la recette. Apportez ce plat sans gluten quand on vous invite à un repas-partage.

Salade de pois chiches à l'indienne

Huile d'olive, 2 c. à soupe

Oignons verts, 2 bottes, tranchés finement

Gingembre frais, 1 c. à soupe, émincé

Piment serrano, 1, émincé, avec les graines

Coriandre fraîche, 20 g (½ tasse), hachée

Graines de coriandre moulues, 1½ c. à café

Pois chiches, 2 boîtes (540 ml/18 oz liq. chacune), rincés et égouttés

Mélasse de grenade, 2 c. à soupe

Tomate, 1 grosse, épépinée et hachée

Concombres libanais, 2, hachés

Yogourt nature, 120 g (½ tasse)

Cumin moulu, ¼ c. à café

Sel casher et poivre fraîchement moulu

Cœurs de romaine, tortillas sans gluten chaudes ou pointes de socca tendre (page 26)

4 PORTIONS

Je garde toujours à portée de main de la mélasse de grenade, produit composé du jus de ce fruit qu'on a fait bouillir jusqu'à consistance sirupeuse. J'en ajoute volontiers dans les salades, les sauces et les ragoûts, auxquels elle confère une agréable saveur aigre-douce.

1. Dans une grande poêle antiadhésive, chauffer l'huile à feu moyen-vif. Ajouter la moitié des oignons verts, le gingembre, le piment, et faire sauter 1 minute ou jusqu'à tendreté. Ajouter 10 g (¼ tasse) de coriandre fraîche et les graines de coriandre, et remuer 30 secondes ou jusqu'à ce qu'elles libèrent leur arôme. Incorporer les pois chiches, la mélasse de grenade et 60 ml (¼ tasse) d'eau. Laisser mijoter 5 minutes ou jusqu'à tendreté des pois chiches et absorption complète du liquide. Laisser refroidir légèrement.

2. Entre-temps, dans un grand bol, mélanger la tomate, les concombres, le reste d'oignons verts et 10 g (¼ tasse) de coriandre. Dans un petit bol, mélanger le yogourt et le cumin ; saler et poivrer au goût.

3. Incorporer le mélange de pois chiches dans la préparation à la tomate. Saler et poivrer au goût. Répartir la salade dans 4 assiettes. Servir avec la sauce au yogourt, la romaine, les tortillas ou la socca.

Ce mélange de sauce tomate crue et de pâtes chaudes évoque à merveille les saveurs estivales. Optez pour des tomates de variété ancienne, par exemple la Cherokee pourpre, la Brandywine ou la petite Sungold.

Spaghetti, tomates de variété ancienne, olives et herbes

Tomates de variété ancienne, mûres, 450 g (1 lb), parées, coupées en deux, épépinées, hachées

Tomates cerises, telles que Sungold, 180 g (1 tasse), coupées en deux

Herbes fraîches mixtes, 10 g (¼ tasse), hachées

Olives Kalamata dénoyautées, 3 c. à soupe, hachées

Huile d'olive extra-vierge, 2 c. à soupe

Échalote, 1½ c. à soupe, émincée

Vinaigre balsamique, 2 c. à café

Sel casher et poivre fraîchement moulu

Spaghetti sans gluten, 180 g (6 oz)

Féta, environ 60 g (⅓ tasse), émiettée

2 PORTIONS ; DOUBLER AU BESOIN

1 Dans un bol moyen, mélanger les tomates, les tomates cerises, les herbes, les olives, l'huile, l'échalote et le vinaigre. Saler et poivrer au goût.

2 Dans une grande casserole remplie d'eau bouillante salée, jeter les pâtes et remuer. En remuant fréquemment, les cuire al dente, environ 8 minutes. Bien égoutter et déposer dans un bol de service chaud. Ajouter la préparation aux tomates et remuer. Incorporer délicatement le fromage. Assaisonner au goût et servir aussitôt dans 2 assiettes chaudes.

Le chèvre frais peut remplacer la féta. Quant aux herbes, optez pour le basilic, la menthe, la marjolaine, le thym ou l'estragon, dans le mélange de votre choix.

Les pâtes de maïs et de quinoa conviennent bien à ce plat.

Je double souvent la recette et sert les restes froids le lendemain.

Ce n'est pas parce qu'on renonce au gluten qu'on doit se priver de pizza. On trouve désormais dans le commerce un bon choix de fonds de pizza sans gluten. C'est une solution pratique en semaine, mais j'aime bien faire le mien en me servant de polenta, sa consistance et sa saveur étant particulièrement intéressantes, sans compter qu'on n'a pas à laisser lever la pâte. Nul doute que ce plat étonnera vos convives. Vous devrez toutefois vous servir d'une fourchette, la polenta tenant mal dans la main.

Fond de pizza polenta

Semoule de maïs de mouture moyenne sans gluten (j'aime bien celle de Bob's Red Mill), 210 g (1⅓ tasse)

Sel casher et poivre noir fraîchement moulu

Huile d'olive, 1½ c. à soupe, plus au besoin

Garnitures au choix (voir suggestions page 52)

Dans un bol allant au micro-ondes, mélanger 4 tasses (1 L) d'eau, la semoule de maïs et 1¾ c. à café de sel. Cuire 5 minutes dans le micro-ondes réglé à haute intensité. Bien remuer, puis cuire 5 minutes de plus au micro-ondes réglé à haute intensité. Bien remuer, puis cuire 5 minutes de plus ou jusqu'à ce que la préparation soit très épaisse. Remuer, puis ajouter 1½ c. à soupe d'huile d'olive et une bonne quantité de poivre.

Enduire généreusement d'huile d'olive une grande plaque à pizza. (Ne pas tapisser de papier parchemin à défaut de quoi on n'obtiendra pas la texture désirée.) Étendre la préparation sur la plaque et former un cercle d'environ 9 mm (⅓ po) d'épaisseur et de 30 cm (12 po) de diamètre, en façonnant un bord plus épais.

Préchauffer le four à 190 °C (375 °F). Étaler la sauce tomate, le cas échéant, sur le fond de pizza, en laissant un bord. Ajouter les garnitures en couches. Cuire la pizza 20 minutes ou jusqu'à ce qu'elle commence à dorer par endroits. Laisser reposer 5 minutes.

Parsemer d'herbes fraîches hachées, si désiré, puis couper en pointes et servir aussitôt.

Composée d'un fond de polenta croustillant à l'extérieur et crémeux au centre, et garnie de fromage fondant, cette variante de la pizza possède une personnalité propre. Je la sers à la place de la pizza margherita.

Pizza polenta garnie de tomates et d'herbes fraîches

Pour une variante originale de la pizza, garnissez le fond de fontina ou de mozzarella, enfournez pour faire fondre le fromage puis couvrez de petites feuilles de roquette préalablement arrosées d'huile d'olive et de citron.

Mozzarella fraîche, 225 g (½ lb), râpée grossièrement

Fond de pizza polenta (page 51)

Tomates cerises ou raisins, 240 g (1⅓ tasse), coupées en deux

Échalote, 2 c. à soupe, émincée, ou 2 gousses d'ail, émincées

Huile d'olive, 1½ c. à soupe, plus au besoin

Vinaigre balsamique, 1½ c. à café

Sel casher et poivre fraîchement moulu

Parmesan, 45 g (⅓ tasse), fraîchement râpé

Basilic frais, 10 g (¼ tasse), haché, ou 3 c. à soupe de marjolaine fraîche hachée

4 PORTIONS

Voici d'autres suggestions de garnitures pour la pizza polenta: mozzarella, fontina, féta ou chèvre; sauce tomate; champignons, poivrons, oignons et courgette sautés; saucisse ou pepperoni sans gluten; olives dénoyautées; moitiés de tomates cerises; herbes fraîches hachées.

1 Préchauffer le four à 190 °C (375 °F). En laissant un bord, parsemer de mozzarella le fond de pizza déposé sur une plaque à pizza.

2 Dans un petit bol, mélanger les tomates, l'échalote, 1½ c. à soupe d'huile et le vinaigre. Saler et poivrer au goût. Déposer la préparation à la cuiller sur le fromage. Parsemer de parmesan.

3 Enfourner et cuire la pizza 20 minutes ou jusqu'à ce qu'elle soit dorée par endroits. Laisser prendre 5 minutes. Parsemer d'herbes et servir aussitôt avec fourchettes et couteaux.

Le quinoa, grain très protéiné, remplace le boulgour dans cette variante sans gluten d'un plat que j'aime tout particulièrement. La féta, la menthe fraîche et le jus de citron lui confèrent toute sa saveur.

Taboulé au quinoa

Quinoa, 180 g (1 tasse), de préférence de diverses couleurs

Sel casher et poivre finement moulu

Tomates cerises, de préférence d'une variété ancienne, 450 g (1 lb), coupées en deux

Pois chiches, 1 boîte (540 ml/18 oz liq.), rincés et bien égouttés

Radis, 6, hachés

Concombres libanais, 3, parés, coupés en quatre sur la longueur, puis en morceaux de 12 mm (½ po)

Oignons verts, 4, hachés

Persil plat frais, 30 g (¾ tasse), haché

Menthe fraîche, 3 c. à soupe, émincée

Féta, 75 g (½ tasse), émiettée (facultatif)

Huile d'olive extra-vierge, 60 ml (¼ tasse)

Jus de citron frais, 60 ml (¼ tasse)

Cœurs de romaine

4 PORTIONS

1 Dans une passoire, rincer sous l'eau froide et égoutter le quinoa quatre fois, puis le mettre dans une casserole moyenne. Ajouter 375 ml (1½ tasse) d'eau et une pincée de sel, et porter à ébullition. Baisser le feu à doux, couvrir et laisser mijoter 15 minutes ou jusqu'à ce que l'eau soit entièrement absorbée. Éteindre le feu et laisser reposer au moins 5 minutes. Aérer à la fourchette. Déposer dans un grand bol peu profond et laisser refroidir à température ambiante (ou réfrigérer afin d'accélérer le processus).

2 Entre-temps, mélanger dans un bol moyen les tomates, les pois chiches, les radis, les concombres, les oignons verts, le persil, la menthe et, si désiré, la féta. Ajouter le quinoa refroidi, puis l'huile et le jus de citron, et bien remuer. Saler et poivrer au goût. Accompagner de cœurs de romaine, dont les convives se serviront comme d'une cuillère.

Pour accélérer les choses en semaine, faites cuire le quinoa la veille ou employez les restes d'un repas précédent.

Vous pouvez remplacer les tomates cerises par 450 g (1 lb) de tomates ordinaires d'une variété ancienne, épépinées et hachées.

Disposez la salade au milieu d'une assiette tapissée de feuilles de cœurs de romaine, dont chacun se servira pour glaner les petits morceaux. Voilà un autre plat commode à apporter quand on est invité à une fête.

L'œuf poché est encore plus appétissant quand il repose sur une galette de pomme de terre dorée et croustillante. Pour la sauce verte, employez une bonne huile d'olive extra-vierge; elle n'en sera que meilleure.

Galettes de pommes de terre, œufs pochés, sauce verte

Pour éviter que les pommes de terre noircissent, mettez-les dans un bol et couvrez-les d'eau.

Vous pouvez préparer les galettes à l'avance et les enfourner dans un four réglé à 230 °C (450 °F) 5 minutes ou jusqu'à ce qu'elles soient bien chaudes et croustillantes.

Huile d'olive extra-vierge, 60 ml (¼ tasse) plus 2 c. à soupe, plus au besoin

Persil plat frais, 5 c. à soupe, émincé

Oignons verts, 2 c. à soupe de parties vertes émincées et 3 c. à soupe de parties blanches émincées

Sel casher et poivre fraîchement moulu

Pommes de terre russet, 450 g (1 lb), pelées

Œufs pochés, 4 (page 16)

Yogourt à la grecque nature

2 PORTIONS ; DOUBLER AU BESOIN

1 Préchauffer le four à 230 °C (450 °F). Entre-temps, mélanger dans un petit bol 60 ml (¼ tasse) d'huile, 2 c. à soupe de persil, le vert des oignons et ¼ c. à café de sel.

2 Râper les pommes de terre dans le robot culinaire équipé d'une râpe à gros trous. Déposer dans un bol et incorporer les 3 dernières c. à soupe de persil et le blanc des oignons.

3 En travaillant rapidement, chauffer à feu moyen-vif 2 c. à soupe d'huile dans une poêle antiadhésive de 30 cm (12 po). Déposer environ 90 g (½ tasse) du mélange de pommes de terre et aplatir avec le dos d'une spatule pour former une galette mince. Répéter pour former 3 autres galettes. Cuire 6 minutes ou jusqu'à ce que la galette soit dorée et croustillante sur une face. Saler et poivrer, retourner et cuire 6 minutes ou jusqu'à ce que l'autre face soit dorée et croustillante. Égoutter sur des essuie-tout. Ajouter de l'huile et poursuivre la cuisson des galettes. Les égoutter sur des essuie-tout. Disposer les galettes sur une plaque à pâtisserie et les réchauffer au four le temps de pocher les œufs.

4 Déposer 2 galettes par portion dans 2 assiettes chaudes. Garnir des œufs pochés et napper de sauce verte à la cuiller. Servir aussitôt avec le yogourt et les autres galettes, s'il en reste.

Poisson et fruits de mer

Comme ils se préparent rapidement et sont excellents pour la santé, le poisson et les fruits de mer sont incontournables dans ma cuisine. J'insiste pour ne consommer que des espèces non menacées issues de la pêche durable ou de l'élevage responsable.

Ce qu'il faut savoir sur le poisson et les fruits de mer

Le poisson et les fruits de mer permettent de préparer facilement des repas nutritifs et substantiels. Comme ils cuisent rapidement, vous concocterez des plats mémorables en quelques minutes à peine.

Pêche durable

Il n'est pas toujours simple de savoir si le poisson ou les fruits de mer qu'on achète sont des choix durables, les noms des espèces, les lieux de pêche et les techniques employées étant variés. Pour rester informée, je compte sur le programme Seafood Watch du Monterey Bay Aquarium (www.montereybayaquarium.org), qui met à jour les données concernant ce monde en constante mutation. On peut imprimer le petit guide de poche fourni en ligne ou commander l'application mobile.

Entre tous, je préfère le saumon et le thon, mais l'information concernant ces espèces prête souvent à confusion. Je consulte toujours le guide du Seafood Watch avant d'acheter et je n'hésite pas à poser des questions aux poissonniers chez qui je m'approvisionne régulièrement. Le saumon de l'Alaska et le germon (thon blanc) constituent généralement de bons choix. Le mahi-mahi, le flétan de l'Alaska, la morue charbonnière, l'omble chevalier, les crevettes, les pétoncles et les palourdes figurent aussi souvent à mon menu.

Bien choisir son poisson

Approvisionnez-vous auprès d'un poissonnier réputé ou au rayon poissonnerie d'une épicerie achalandée. Les commerçants sérieux indiquent clairement le nom des espèces et leur provenance, de même que la technique de pêche employée et le mode de conservation. Le personnel devrait être en mesure de vous informer sur l'origine d'un poisson et de vous dire s'il est frais ou s'il a été surgelé. Il devrait aussi être disposé à ôter sa peau, le fileter ou le préparer selon vos demandes. Posez des questions : si les réponses sont vagues, vous devriez songer à vous adresser à un autre poissonnier.

Taille des crevettes

Plutôt que de me fier à la taille des crevettes, information qui peut prêter à confusion, je tiens compte de leur nombre au kilo (ou à la livre). Je donne cette information dans les recettes mais voici, à titre indicatif, un aperçu général : les crevettes géantes (35 à 44 par kg/16 à 20 par lb) sont généralement grillées, rôties ou mijotées ; les ultra-grosses (46 à 55 par kg/21 à 25 par lb) sont grillées, rôties ou cuites en brochettes ; les grosses (57 à 66 par kg/26 à 30 par lb) conviennent à de nombreux plats et sont idéales pour les salades ; les moyennes (68 à 77 par kg/31 à 35 par lb) conviennent aux ragoûts et aux soupes.

Faites preuve de souplesse

Dans plusieurs de mes recettes, je présente des solutions de rechange, si bien que vous pouvez remplacer le poisson ou le fruit de mer suggéré par un autre qui conviendra au plat. Vous pouvez aussi demander conseil à votre poissonnier.

Poisson et fruits de mer au menu

En semaine, je prépare du poisson ou des fruits de mer les jours où j'ai la possibilité de m'arrêter chez le poissonnier au retour du travail. Filets de poisson, crevettes, pétoncles et palourdes demandent peu de préparation et s'inscrivent volontiers dans une alimentation sans gluten.

Ôter les arêtes rebelles

Je demande toujours à mon poissonnier de retirer les arêtes des filets de poisson, mais il s'en trouve invariablement pour échapper à son attention. Pour les repérer, posez le filet, peau dessous, sur le plan de travail et passez le doigt à la surface près du centre. S'il en reste, vous les sentirez. Ôtez-les à l'aide d'une pince à sourcils ou d'une pince à bec effilé propre, et coupez les plus tenaces.

Vérifier le degré de cuisson

Enfoncez la pointe d'un couteau d'office dans la chair du poisson et examinez-la. Elle devrait être tout juste opaque et encore tendre, à moins que vous désiriez un poisson demi-cuit. Comme le flétan, en particulier, se dessèche rapidement, évitez de trop le cuire.

Conseils pour rôtir le poisson

Séchez-le à l'aide d'essuie-tout, ce qui permettra de mieux le dorer et ne l'enduisez que de ce qu'il faut d'huile pour l'empêcher d'adhérer à la poêle. Pour la même raison, si vous le cuisinez avec sa peau, pulvérisez la poêle d'enduit de cuisson sans gluten.

Conseils pour griller le poisson

Je préfère cuire le poisson sur le barbecue au gaz parce que c'est une solution simple et pratique en semaine. De plus, j'exerce un meilleur contrôle sur la température qu'avec un barbecue au charbon de bois. Enduisez-le d'une bonne couche d'huile et fermez le couvercle, histoire d'assurer une cuisson uniforme. Il n'est pas nécessaire de retourner le saumon ou les autres poissons encore munis de leur peau. Faites-les griller peau dessous ; cette dernière sera croustillante tandis que la chair restera mœlleuse.

Conseils pour faire sauter le poisson

Il est préférable de cuire le filet avec peau dans une poêle couverte. Il sera alors inutile de le retourner et vous obtiendrez une chair mœlleuse et une peau croustillante. Le filet sans sa peau gagne à être roulé légèrement au préalable dans un mélange de farines sans gluten ou de la semoule de maïs fine, question de protéger la chair délicate de la chaleur.

Nettoyer palourdes et moules

Jetez tout coquillage dont la coquille est fêlée, cassée ou qui ne se referme pas au toucher. Mettez les autres à tremper 10 minutes dans un bol d'eau salée (180 g/3/4 tasse de sel pour 4 L/16 tasses d'eau) pour éliminer le sable résiduel. Si les coquilles présentent toujours des résidus, frottez-les sous l'eau froide à l'aide d'une brosse dure. Ôtez la barbe des moules, le cas échéant, en la coupant ou la grattant avec un couteau d'office.

Savoureux et d'une grande pureté, le saumon de l'Alaska n'a nul besoin d'être relevé, les pois chiches mijotés dans cette sauce à la marocaine acidulée et épicée l'accompagnent cependant à merveille.

Saumon grillé et pois chiches, sauce charmoula

Filets de saumon sauvage, 2 (180 g/6 oz chacun)

Huile d'olive, 2 c. à soupe, plus au besoin

Sel casher et poivre noir fraîchement moulu

Le zeste d'un citron, râpé finement

Cumin moulu, 1 c. à café, plus au besoin

Oignon rouge, ½, haché

Paprika fumé, 1½ c. à café

Graines de coriandre moulues, 1 c. à café

Piment de Cayenne, ⅛ c. à café

Pois chiches, 1 boîte (540 ml/18 oz liq.), rincés et égouttés

Jus de citron frais, 1 c. à soupe

Coriandre fraîche, 2 c. à soupe, émincée

2 PORTIONS ; DOUBLER AU BESOIN

1 Dans une assiette, enduire le poisson d'huile d'olive, puis le saupoudrer de sel, de poivre noir, de zeste de citron et d'un peu de cumin.

2 Préparer le barbecue pour la cuisson directe à feu vif. Entre-temps, chauffer à feu moyen-doux 2 c. à soupe d'huile dans une grande poêle antiadhésive. Faire sauter l'oignon 5 minutes ou jusqu'à ce qu'il soit translucide. Ajouter le paprika, 1 c. à café de cumin, les graines de coriandre moulues et le piment de Cayenne, et faire sauter 30 secondes ou jusqu'à ce que les épices libèrent leur arôme. Ajouter les pois chiches et 3 c. à soupe d'eau et, en remuant fréquemment, laisser mijoter 3 minutes ou jusqu'à ce qu'ils soient tendres. Retirer du feu et incorporer le jus de citron. Saler et poivrer au goût. Couvrir pour garder au chaud.

3 Déposer le saumon, peau dessous, sur la grille, couvrir et cuire sans retourner 8 minutes ou jusqu'à ce qu'il soit tout juste opaque au centre.

4 Répartir le saumon et les pois chiches dans 2 assiettes chaudes. Parsemer de coriandre et servir aussitôt.

Je fais souvent griller des moitiés de courgettes fines ou d'aubergines japonaises avec le poisson.

Si la température ne se prête pas à la cuisson au barbecue, faites cuire le poisson, peau dessous, dans une poêle couverte.

Apparentée à l'aïoli mais dénuée de l'âpreté de l'ail, cette sauce parfumée au citron et aux herbes est un condiment sans gluten pratique à conserver au réfrigérateur. Elle apporte une note raffinée au thon et à la courgette grillés.

Thon et légumes grillés, mayonnaise aux herbes

Cette sauce simple peut non seulement accompagner le poisson grillé, mais sa consistance crémeuse en fait un assaisonnement idéal pour la salade de pommes de terre ou de chou, ou une trempette pour les bâtonnets de carotte. Elle se conservera quelques jours au réfrigérateur.

Quand je n'ai pas envie de cuire sur le barbecue, je fais sauter le thon à la poêle à feu moyen-vif.

Petites pommes de terre, 675 g (1½ lb), coupées sur la longueur

Huile d'olive extra-vierge, 60 ml (¼ tasse)

Jus de citron frais, 3 c. à soupe

Zeste de citron, 1 c. à café, râpé

Marjolaine fraîche, 2 c. à soupe, émincée

Échalote, 1, émincée

Mayonnaise sans gluten, 125 ml (½ tasse)

Darnes de thon blanc, 4 (150 à 180 g/5 à 6 oz chacune)

Courgettes assorties, 560 g (1¼ lb), coupées en tranches de 6 mm (¼ po)

Sel casher et poivre fraîchement moulu

4 PORTIONS

1 Dans une casserole moyenne remplie d'eau bouillante salée, faire blanchir les pommes de terre 10 minutes ou jusqu'à quasi-tendreté. Égoutter.

2 Entre-temps, dans un petit bol, mélanger l'huile, le jus et le zeste de citron, 1 c. à soupe plus 2 c. à café de marjolaine et l'échalote. Dans un autre petit bol, mélanger 1½ c. à soupe de la préparation avec la mayonnaise.

3 Déposer le thon et les cubes de courge sur une plaque à pâtisserie. Enduire de préparation à l'huile d'olive ; saler et poivrer. Dans un bol moyen, mélanger les pommes de terre avec le reste de préparation à l'huile d'olive. Saler et poivrer.

4 Préparer le barbecue pour la cuisson directe à feu vif. Faire griller le thon, les courgettes et les pommes de terre à couvert 5 minutes par face ou jusqu'à ce qu'ils soient tout juste cuits. Répartir le thon et les légumes dans 4 assiettes chaudes. Parsemer de la dernière c. à café de marjolaine. Servir aussitôt avec la sauce à la mayonnaise.

Enrobé d'une chapelure de pain sans gluten mélangée avec des amandes, du zeste de citron et un peu d'huile d'olive, et rôti à feu vif, ce poisson est à la fois croustillant et juteux. Servez avec du brocoli rôti.

Poisson rôti et sa chapelure au citron et à l'amande

Enduit de cuisson à l'huile d'olive, sans gluten

Filets de poisson, tels que morue charbonnière ou saumon, 4 (environ 180 g/6 oz chacun)

Huile d'olive, 1 c. à soupe, plus au besoin

Citron, 1, coupé en deux

Sel casher et poivre noir fraîchement moulu

Moutarde de Dijon sans gluten, environ 1 c. à café

Pain sans gluten, 2 tranches

Amandes entières, 75 g (½ tasse)

Oignons verts, 4, hachés finement

Zeste de citron, 4 c. à café, râpé finement

4 PORTIONS

1   Préchauffer le four à 230 °C (450 °F). Pulvériser d'enduit de cuisson une plaque à pâtisserie à rebord. Déposer le poisson, peau dessous, sur la plaque ; enduire d'huile d'olive et presser les deux moitiés de citron pour arroser le poisson de jus. Saler et poivrer, puis étaler la moutarde.

2   Couper le pain en morceaux de 2,5 cm (1 po). Réduire en fine chapelure au robot culinaire. Déposer 30 g (½ tasse) de chapelure dans un bol. Hacher grossièrement les amandes au robot ; verser dans le bol de chapelure. Incorporer les oignons verts, le zeste de citron et 1 c. à soupe d'huile. Saler et poivrer au goût.

3   Au moment d'enfourner, répartir la préparation de chapelure sur les filets, en appuyant pour la faire adhérer. Cuire 10 minutes, selon l'épaisseur du poisson, ou jusqu'à ce qu'il soit souple au toucher et que la chapelure commence à dorer. Déposer les filets dans des assiettes et servir aussitôt.

Zestez d'abord le citron puis coupez-le en deux et extrayez-en le jus.

Voilà une bonne recette de base pour se faire la main. Vous pouvez remplacer les amandes par des noix ou des noisettes, et le zeste de citron par du zeste d'orange. Le poulet convient aussi à cette préparation.

L'omble chevalier, le flétan, la morue du Pacifique, le tilapia et la truite conviennent tous à ce plat.

Douces et tendres, les palourdes japonaises sont cuites avec un peu de vin blanc et des flocons de piment rouge, puis mélangées aux pâtes. Voilà un repas substantiel et ultra-rapide à préparer.

Linguine avec palourdes, pancetta et tomates

Spaghetti ou linguine sans gluten, (j'aime bien ceux d'Ancient Harvest), 180 à 210 g (6 à 7 oz)

Huile d'olive, 2 c. à soupe

Poivre fraîchement moulu

Pancetta, 45 g (1½ oz), hachée

Échalote, 1 grosse, hachée finement

Flocons de piment rouge

Vin blanc sec ou jus de palourde, 125 ml (½ tasse)

Palourdes japonaises, 900 g (2 lb)

Persil plat frais, 10 g (¼ tasse), émincé

Tomates cerises, 180 g (1 tasse), tranchées en deux

2 PORTIONS ; DOUBLER AU BESOIN

La saveur et la consistance des pâtes de maïs et quinoa rappellent celles des pâtes de blé. La forme des linguine est idéale pour cette sauce aromatique. À défaut d'en trouver, optez pour des spaghettis.

1 Jeter les pâtes dans une grande casserole d'eau bouillante salée et remuer. En remuant fréquemment, les cuire al dente, environ 8 minutes. Égoutter et remettre dans la casserole. Ajouter 1 c. à soupe d'huile et une bonne quantité de poivre, et remuer. Couvrir.

2 Entre-temps, chauffer une grande poêle à feu moyen. Faire sauter la pancetta dans 1 c. à soupe d'huile 2 minutes ou jusqu'à ce qu'elle commence à dorer. Ajouter l'échalote et une pincée de flocons de piment rouge, et faire sauter 1 minute. Ajouter le vin et faire bouillir jusqu'à réduction de moitié, environ 1 minute. Ajouter les palourdes et la moitié du persil. Couvrir et cuire 4 minutes ou jusqu'à ce que les palourdes commencent à s'ouvrir. Incorporer les tomates.

3 Déposer les pâtes dans un bol de service chaud. Verser la sauce et les palourdes sur les pâtes. Parsemer du reste de persil et servir aussitôt.

Dans ce plat, le poisson est assaisonné d'huile d'olive, de sel, de poivre et de zeste de citron râpé, cuit, puis servi avec une sauce appétissante aux herbes fraîches. Employez une bonne huile d'olive extra-vierge.

Mahi-mahi grillé et salsa verde à l'aubergine

Cette sauce, qui ne demande que quelques minutes de préparation, convient aussi à d'autres poissons ou au poulet.

Étant donné l'importance de l'huile d'olive dans ce plat, choisissez-en une de qualité et bien goûteuse.

Filets de mahi-mahi, 4
(150 à 180 g/5 à 6 oz chacun)

Aubergines orientales, 560 à 675 g
(1¼ à 1½ lb), coupées en trois sur la longueur

Huile d'olive extra-vierge, 60 ml
(¼ tasse), plus au besoin

Sel casher et poivre noir fraîchement moulu

Zeste de citron, 1 c. à soupe, plus 1 c. à café, râpé finement

Échalote, 2 c. à soupe, émincée

Persil plat frais,
2 c. à soupe, émincé

Jus de citron frais, 1 c. à soupe

Thym frais, 2 c. à café, émincé

Piment jalapeño rouge, ½, épépiné et émincé

Riz jasmin ou basmati complet
(page 214)

4 PORTIONS

1 Déposer le mahi-mahi et les tranches d'aubergine sur une plaque à pâtisserie. Enduire d'huile d'olive sur les deux faces ; saler et poivrer. Parsemer le poisson de 1 c. à soupe de zeste de citron. Laisser mariner le temps de préparer la sauce.

2 Dans un petit bol, mélanger ¼ tasse d'huile d'olive, l'échalote, le persil, le jus de citron, le thym, le jalapeño et la dernière c. à café de zeste de citron. Saler et poivrer au goût.

3 Préparer le barbecue pour la cuisson directe à feu vif. Griller le mahi-mahi et les aubergines à couvert 5 minutes par face ou jusqu'à ce qu'ils soient tout juste cuits. Répartir dans 4 assiettes chaudes. Napper le poisson de sauce, accompagner de riz et servir aussitôt.

J'ai créé cette salade à la méditerranéenne pour un ami qui s'est présenté un soir à l'improviste. Nous l'avons dégustée sur le patio avec des feuilles de laitue et des tortillas de maïs en guise d'ustensiles.

Salade de haricots blancs, thon, fenouil et olives

Bulbes de fenouil, 2, tiges ôtées

Haricots cannellini, 2 boîtes (540 ml/18 oz liq. chacune), rincés et égouttés

Germon (thon blanc) dans l'huile d'olive, 2 boîtes (170 g/6 oz chacune), égoutté, défait en gros morceaux

Oignon rouge, 75 g (½ tasse), haché finement

Olives Kalamata dénoyautées, 75 g (½ tasse), coupées en quatre sur la longueur

Menthe fraîche, 10 g (¼ tasse), hachée

Moutarde de Dijon sans gluten, 2 c. à café

Jus de citron frais, 2 c. à soupe

Huile d'olive extra-vierge, 80 ml (⅓ tasse)

Sel casher et poivre fraîchement moulu

Laitue pommée beurre ou romaine, 1

4 PORTIONS

Le germon (thon blanc) en boîte de marque Wild Planet constitue un choix durable, tout comme le saumon sauvage de l'Alaska en boîte.

Servez les restes au goûter le lendemain, sur des craquelins de riz.

1 Couper les bulbes de fenouil en quartiers sur la longueur, ôter le trognon et trancher en travers. Dans un grand bol, mélanger le fenouil, les haricots, le thon, l'oignon, les olives et la menthe.

2 Dans un petit bol, battre au fouet la moutarde et le jus de citron. Incorporer graduellement au fouet l'huile d'olive et une bonne quantité de poivre. Verser sur la salade et remuer délicatement. Saler et poivrer au goût.

3 Tapisser 4 assiettes de feuilles de laitue ou les disposer sur une grande assiette de service. Déposer la salade en tas sur la laitue et servir.

Le quinoa est une véritable bénédiction pour ceux qui ont renoncé au gluten. Il peut servir de base pour une salade et se substituer au boulgour et au couscous dans les préparations qui en renferment. De plus, il peut accompagner une foule de plats principaux, dont les plats végétariens, qu'il enrichit de protéines. Suivez la recette de base ci-dessous ou ajoutez-lui les ingrédients de votre choix (voir les suggestions ci-contre).

Quinoa

On trouve dans le commerce du quinoa rouge, blanc, noir et multicolore. Les grains cuisent en 20 minutes environ, ce qui en fait un plat idéal à servir en semaine.

Quinoa blanc, rouge ou multicolore, 180 g (1 tasse)

Sel casher et poivre noir fraîchement moulu

Huile d'olive, 1 c. à soupe

Ingrédients de votre choix (facultatif ; à droite)

2 À 4 PORTIONS

Dans une passoire, rincer le quinoa sous l'eau froide. Égoutter. Répéter ces deux étapes trois fois puis mettre le quinoa dans une casserole moyenne. Ajouter 375 ml (1½ tasse) d'eau et une pincée de sel, et porter à ébullition. Baisser le feu à doux, couvrir et laisser mijoter 15 minutes ou jusqu'à complète absorption de l'eau. Éteindre le feu et laisser reposer au moins 5 minutes avant de servir.

Aérer le quinoa à la fourchette, puis incorporer l'huile et les ingrédients choisis. Saler et poivrer au goût.

Quinoa aux herbes fraîches

basilic, coriandre, aneth, persil plat, menthe

Choisissez l'herbe en fonction du plat que le quinoa accompagnera. Il vous faudra 2 à 4 c. à soupe d'herbes fraîches hachées.

Quinoa aux légumes

petites feuilles de roquette, radicchio, tomate, fenouil, concombre libanais, oignon rouge, oignon vert, radis

Ajoutez différents légumes qui contrasteront avec la saveur ou la consistance du plat que le quinoa accompagnera ou qui les compléteront. Il vous faudra 125 à 250 ml (½ à 1 tasse) de légumes hachés.

Quinoa aux noix ou aux graines

amande, noisette, noix de Grenoble, graine de citrouille

La consistance croquante des noix et des graines contraste à merveille avec celle des aliments plus mous. Il vous faudra 2 à 4 c. à soupe de noix ou de graines rôties et hachées.

Quinoa et autres ingrédients

pois chiches, féta hachée, olives Kalamata hachées

Étant donné la saveur neutre du quinoa, on peut lui ajouter une foule d'ingrédients. Essayez ceux qui sont suggérés ci-dessus ou optez pour ceux de votre choix. Il vous en faudra 60 à 125 ml (¼ à ½ tasse).

Mélangé avec de l'huile d'olive et une grosse poignée d'herbes fraîches, le quinoa constitue une bonne base pour les pétoncles et la salsa à l'orange et à l'avocat. Je le sers souvent avec des fruits de mer.

Pétoncles sautés, quinoa et salsa à l'orange et à l'avocat

Oranges, 2, pelées et épépinées (page 127)

Gros avocat, 1, pelé, dénoyauté, coupé en petits dés

Basilic frais, 3 c. à soupe, émincé

Échalote, 2 c. à soupe, émincée

Piment jalapeño rouge, 1½ c. à café, épépiné, émincé

Sel casher et poivre fraîchement moulu

Huile d'olive, 2 c. à soupe

Pétoncles géants, 300 à 360 g (10 à 12 oz), séchés à l'essuie-tout

Quinoa (page 74), avec basilic en plus

2 PORTIONS

1   Couper les oranges en deux, puis en tranches de 6 mm (¼ po) d'épaisseur et en cubes de 6 mm (¼ po). Les mélanger dans un bol avec l'avocat, le basilic, l'échalote et le jalapeño. Saler et poivrer au goût.

2   Dans une grande poêle antiadhésive, chauffer l'huile à feu moyen-vif. Saler et poivrer les pétoncles, et les faire sauter 2 minutes par face ou jusqu'à ce qu'ils soient souples au toucher.

3   Répartir le quinoa dans 2 assiettes chaudes. Napper de salsa, couvrir de pétoncles et servir aussitôt.

La sauce peut aussi accompagner des crevettes, du poisson, une poitrine de poulet ou des escalopes de dinde.

Si les quantités de quinoa et de salsa de cette recette sont généreuses, c'est que j'aime bien servir les restes le lendemain, avec du fromage féta et des graines de citrouille. Voilà un lunch léger mais consistant.

Les ingrédients seront prêts en même temps si vous mettez le quinoa à cuire juste avant de préparer la salsa.

La polenta convient bien à ce plat italien champêtre. Mettez-la à cuire d'abord, puis lancez la cuisson des crevettes. J'aime beaucoup la saveur prononcée et la consistance pâteuse de la tomate San Marzano.

Crevettes en sauce tomates-olives-câpres et polenta

En plus d'être délicieuses, les crevettes du golfe du Mexique constituent un choix durable.

Pour varier, remplacez les crevettes par des pétoncles ou des cubes de flétan.

Huile d'olive, 2 c. à café

Oignon jaune, ½, haché finement

Flocons de piment rouge

Vin blanc sec, 160 ml (⅔ tasse)

Tomates, 1 boîte (540 ml/18 oz liq.), de préférence des San Marzano

Sel casher et poivre noir fraîchement moulu

Crevettes géantes (35 à 44 par kg/ 16 à 20 par lb), 300 à 360 g (10 à 12 oz), décortiquées et déveinées, avec la queue

Olives Kalamata, 40 g (¼ tasse), dénoyautées, coupées en quatre sur la longueur

Câpres, 1 c. à soupe, égouttées

Thym frais, 2 c. à café, émincé

Polenta crémeuse (page 115), avec thym (omettre le fromage)

2 PORTIONS

1 Dans une grande poêle, chauffer l'huile à feu moyen. Faire sauter l'oignon et une pincée de flocons de piment 5 minutes ou jusqu'à ce que l'oignon soit translucide. Ajouter le vin et faire bouillir jusqu'à réduction de moitié, environ 4 minutes. Ajouter les tomates et leur jus. En défaisant les tomates à la cuiller de bois, faire mijoter 10 minutes ou jusqu'à ce que la sauce épaississe légèrement.

2 Saler et poivrer légèrement les crevettes. Mettre dans la poêle, retourner pour enrober de sauce, couvrir et laisser mijoter 4 minutes ou jusqu'à ce qu'elles soient presque cuites. Incorporer les olives, les câpres et le thym, et laisser mijoter 30 secondes ou jusqu'à ce que les crevettes soient cuites. Goûter et rectifier l'assaisonnement.

3 Répartir la polenta dans 2 assiettes chaudes, en l'étalant en cercle. Couvrir de crevettes et de sauce à la cuiller et servir aussitôt.

L'écrasé de pommes de terre constitue une excellente base pour ce flétan rôti bien tendre, qu'accompagne à merveille la sauce aux olives, à l'huile d'olive et au jus de citron. Les asperges rôties complètent le plat.

Flétan, asperges et pommes de terre, sauce à l'olive

Olives Kalamata dénoyautées, 60 g (⅓ tasse), hachées

Huile d'olive extra-vierge, 60 ml (¼ tasse) plus 2 c. à soupe, plus au besoin

Jus de citron frais, 60 ml (¼ tasse), plus 1 c. à soupe

Échalote, 2 c. à soupe, émincée

Thym frais, 1 c. à soupe, plus 1 c. à café, émincé

Zeste de citron, 1½ c. à café, râpé finement

Sel casher et poivre fraîchement moulu

Asperges, 2 bottes (environ 375 g/¾ lb chacune), parées

Filets de flétan, 4 (environ 180 g/6 oz chacun)

Écrasé de pommes de terre aux herbes (page 165)

4 PORTIONS

1 Préchauffer le four à 230 °C (450 °F). Dans un petit bol, mélanger les olives, 60 ml (¼ tasse) d'huile d'olive, le jus de citron, l'échalote, le thym et le zeste de citron. Saler et poivrer au goût.

2 Déposer les asperges sur une plaque à pâtisserie à rebord. Arroser de 2 c. à soupe d'huile et remuer. Saler et poivrer légèrement, et remuer. Étaler en une seule couche. Enduire d'huile une petite plaque à pâtisserie à rebord, et y déposer le poisson. Prélever 2 c. à soupe de sauce et en enduire le poisson ; saler et poivrer sur les deux faces.

3 Rôtir les asperges 8 à 10 minutes, selon leur épaisseur, ou jusqu'à ce qu'elles soient tendres. Rôtir le poisson 5 à 8 minutes, selon son épaisseur, ou jusqu'à ce qu'il soit presque ferme au toucher.

4 Répartir les asperges dans 4 assiettes chaudes. Couvrir des filets et napper de sauce à la cuiller. Disposer les pommes de terre autour et servir aussitôt.

Mettez les pommes de terre à bouillir avant de préparer les autres ingrédients ; elles devraient être prêtes pour l'écrasé juste avant la fin de la cuisson du poisson et des asperges.

Cuit à couvert dans une poêle, le poisson reste tendre tandis que sa peau devient croustillante, sans qu'il ne soit nécessaire d'ajouter de la farine. Poisson et salade sont relevés de sauce à la moutarde et au citron.

Truite poêlée, pommes de terre et salade aux herbes

Petites pommes de terre, 675 g (1½ lb), coupées en deux sur la longueur

Huile d'olive extra-vierge, 2 c. à soupe, plus 125 ml (½ tasse)

Sel casher et poivre noir fraîchement moulu

Moutarde de Dijon sans gluten, 1 c. à café

Jus de citron frais, 60 ml (¼ tasse)

Oignons verts, 3, dont 1 émincé et 2 hachés finement

Filets de truite, 4 (150 à 180 g/5 à 6 oz chacun)

Petites verdures, 60 g (2 tasses)

Feuilles de persil plat frais, 60 g (2 tasses)

Aneth frais, 1 grosse botte, haché grossièrement, environ 15 g (½ tasse)

Petites feuilles de basilic frais, 15 g (⅓ tasse), tassées

4 PORTIONS

N'hésitez pas à préparer ce plat avec du saumon sauvage ou de l'omble chevalier.

Il vous restera assez de vinaigrette pour en assaisonner une salade ou du poulet que vous servirez un autre soir de la semaine.

1 Préchauffer le four à 220 °C (425 °F). Dans un grand bol, remuer les pommes de terre avec 1 c. à soupe d'huile. Saler, poivrer et remuer. Disposer les pommes de terre, face coupée dessous, sur une grande plaque à pâtisserie à rebord. Faire rôtir 25 minutes ou jusqu'à ce qu'elles soient tendres et que la face coupée soit dorée.

2 Entre-temps, dans un petit bol, mélanger la moutarde et le jus de citron. Incorporer graduellement au fouet 125 ml (½ tasse) d'huile. Incorporer l'oignon vert émincé, puis saler et poivrer au goût. Prélever 2 c. à soupe de vinaigrette et en enduire le poisson, côté chair. Dans un saladier, mélanger les verdures, le persil, l'aneth, le basilic et les deux tiers des oignons verts hachés.

3 Dans une poêle antiadhésive de 30 cm (12 po) de diamètre, chauffer 1 c. à soupe d'huile à feu moyen-vif. Déposer le poisson, côté peau dessous. Couvrir et cuire sans retourner 5 minutes ou jusqu'à ce que la chair soit souple au toucher.

4 Arroser la salade de vinaigrette au goût et bien remuer. Répartir dans 4 assiettes chaudes. Couvrir de poisson et arroser ce dernier d'un filet de vinaigrette. Disposer les pommes de terre à côté et servir aussitôt.

Pacanes moulues parfumées au citron et enrichies de beurre enrobent le poisson d'une croûte croquante et légèrement sucrée. Accompagnez de riz jasmin complet (page 214) et d'un légume vert.

Mahi-mahi en croûte de pacanes

Huile d'olive

Filets de mahi-mahi, 4 (180 g/6 oz chacun)

Sel casher et poivre noir fraîchement moulu

Moitiés ou morceaux de pacanes, 180 g (1 tasse)

Persil plat frais, 2 c. à soupe, haché

Zeste de citron, 1 c. à café, râpé finement

Beurre, à température ambiante, 2 c. à soupe

4 PORTIONS

1 Préchauffer le four à 180 °C (350 °F). Enduire d'huile une petite plaque à pâtisserie à rebord et y déposer le poisson. Enduire celui-ci d'huile d'olive, saler et poivrer.

2 Moudre finement au robot culinaire les pacanes, le persil et le zeste de citron. Ajouter le beurre et mélanger jusqu'à ce que la préparation commence à se tenir. Déposer la préparation à la cuiller sur les filets de poisson et appuyer pour la faire adhérer. Rôtir 12 minutes ou jusqu'à ce que le poisson soit presque cuit.

3 Placer une grille dans le four de sorte que le poisson se trouve à 10 cm (4 po) de l'élément chauffant et allumer le gril. En surveillant attentivement la cuisson, faire griller 4 minutes ou jusqu'à ce que les pacanes soient dorées. Répartir le poisson dans 4 assiettes chaudes et servir aussitôt.

Cette croûte aux noix et au citron sera excellente aussi sur des filets de saumon ou de flétan.

Demandez au poissonnier de couper vos filets en morceaux de forme, épaisseur et poids égaux. Ainsi, la cuisson sera uniforme.

Épicé et croustillant à l'extérieur mais encore légèrement rosé à l'intérieur, le thon est servi avec une salade de brocoli râpé et une sauce crémeuse au citron vert. Les convives n'ont plus qu'à assembler leurs tacos.

Tacos au poisson, salade de brocoli et sauce au citron vert

Pour griller les tortillas de maïs, mettez-les directement au-dessus des flammes de la gazinière ou chauffez-les à sec dans une poêle 20 secondes par face où jusqu'à ce qu'elles soient dorées par endroits. Gardez-les au chaud dans un récipient conçu à cette fin ou enveloppées de papier aluminium.

Salade de brocoli préparée, 250 g (4 tasses), environ la moitié d'un sachet de 450 g (16 oz)

Oignon rouge, 45 g (¼ tasse), émincé

Coriandre fraîche, 10 g (¼ tasse), émincée

Jus de citron vert frais, 1 c. à soupe plus 2½ c. à café

Piment serrano, 1, épépiné et émincé

Sel casher et poivre noir fraîchement moulu

Mayonnaise sans gluten, 6 c. à soupe

Yogourt à la grecque nature, 6 c. à soupe (90 g/3 oz)

Zeste de citron vert, 1½ c. à café, râpé finement

Germon (thon blanc), 450 g (1 lb), en cubes de 2 cm (¾ po)

Piment ancho en poudre, ¾ c. à café

Cumin moulu, ¼ c. à café

Graines de coriandre moulues, ¼ c. à café

Huile d'olive, 2 c. à soupe

Gros avocat, 1, pelé et tranché

Tortillas de maïs sans gluten, 8 à 10 (14 à 15 cm/5½ à 6 po de diamètre), chaudes

4 PORTIONS

1 Dans un grand bol, mélanger la salade de brocoli, l'oignon, la coriandre, 1 c. à soupe plus 1 c. à café de jus de citron vert et le piment serrano. Remuer. Saler et poivrer au goût. Laisser reposer le temps de préparer la sauce et le poisson.

2 Dans un petit bol, mélanger la mayonnaise, le yogourt, le zeste de citron vert et 1½ c. à café de jus de citron vert. Ajouter une pincée de sel et remuer.

3 Dans un bol moyen, mélanger les cubes de thon, la poudre de piment ancho, le cumin et les graines de coriandre. Saler et poivrer. Dans une grande poêle, chauffer l'huile à feu moyen-vif. Faire sauter le poisson 2 minutes ou jusqu'à ce qu'il soit doré à l'extérieur mais encore rosé à l'intérieur. Déposer dans un bol chaud.

4 Disposer sur la table le poisson, la salade, la sauce, l'avocat et les tortillas, et laisser les convives assembler leurs propres tacos.

Plutôt que de tremper du pain de blé dans le ragoût aromatique comme le veut la tradition, je lui ajoute des cubes de polenta à la dernière minute. Optez pour les fruits de mer de votre choix ou de saison.

Ragoût de fruits de mer et cubes de polenta

Semoule de maïs sans gluten, mouture moyenne, 6 c. à soupe

Sel casher et poivre noir fraîchement moulu

Huile d'olive, 2 c. à soupe

Oignon jaune, 1 gros, haché

Graines de fenouil, ½ c. à café, broyées

Flocons de piment rouge, ¼ c. à café

Tomates en dés avec leur jus, 2 boîtes (540 ml/18 oz liq. chacune)

Jus de palourde, 2 bouteilles (250 ml/8 oz liq. chacune)

Vin blanc sec, 250 ml (1 tasse)

Pâte de tomate, 2 c. à soupe

Zeste d'orange, 2 lanières (4 cm x 12 mm/1½ po x ½ po)

Palourdes japonaises, 900 g (2 lb)

Crevettes moyennes (66 à 77 par kg/30 à 35 par lb), 225 g (½ lb), décortiquées et déveinées

Pétoncles de baie, 225 g (½ lb)

Basilic frais, 15 g (⅓ tasse), déchiré

4 PORTIONS

1 Dans un bol moyen allant au micro-ondes, mélanger 375 ml (1½ tasse) d'eau et la semoule de maïs. Cuire 3 minutes au micro-ondes réglé à haute intensité. Bien remuer. Cuire 3 minutes de plus au micro-ondes. Bien remuer. Si la polenta n'a pas épaissi, cuire 1 ou 2 minutes de plus au micro-ondes. Bien remuer, saler et poivrer au goût. Verser sur une petite plaque à pâtisserie ou une assiette et étaler en un rectangle de 12 mm (½ po) d'épaisseur. Laisser prendre au réfrigérateur au moins 15 minutes.

2 Chauffer l'huile à feu moyen dans une grande casserole. Faire suer l'oignon avec les graines de fenouil et les flocons de piment, environ 5 minutes. Ajouter les tomates, le jus de palourde, le vin, la pâte de tomate et le zeste d'orange ; porter à ébullition. Laisser mijoter 8 minutes ou jusqu'à léger épaississement. Entre-temps, couper la polenta en cubes de 12 mm (½ po).

3 Régler le feu à vif et ajouter palourdes et crevettes dans la casserole. Couvrir et faire bouillir 4 minutes ou jusqu'à ce que les palourdes commencent à ouvrir. Ajouter les pétoncles et mijoter 2 minutes de plus ou jusqu'à ce que les pétoncles et les crevettes soient cuits, et que les palourdes soient ouvertes. Rectifier l'assaisonnement. Répartir le ragoût dans 4 bols peu profonds chauds. Couvrir de cubes de polenta, parsemer de basilic et servir aussitôt.

Si la polenta cuit rapidement, on doit la laisser prendre au réfrigérateur au moins 15 minutes, de préférence plus longtemps. Si le temps vous le permet, préparez-la la veille.

Votre ragoût sera plus épais si vous y ajoutez les cubes de polenta et les remuez jusqu'à ce qu'ils se défassent.

Les moules et le poisson blanc, par exemple le flétan ou la morue, constituent de bonnes solutions de rechange aux crevettes, pétoncles et palourdes suggérées pour ce plat ; vous pouvez aussi n'employer qu'un seul de ces ingrédients.

Quand il fait chaud et que je ne peux me résoudre à allumer la cuisinière, je prépare cette salade rafraîchissante que je sers avec des craquelins de riz sans gluten.

Salade de crevettes, tomates et concombres à l'orientale

Les crevettes pêchées dans les eaux du golfe du Mexique constituent un choix durable. Toutes les tailles conviennent à ce plat mais, pour ma part, je préfère les moyennes ou les larges plutôt que les géantes.

Jus de citron vert frais, 3 c. à soupe

Huile végétale, 3 c. à soupe

Sauce de poisson, 1 c. à soupe

Piment serrano, 1½ à 2, épépiné(s) et émincé(s)

Échalote, 2 c. à café, émincée

Sucre, ½ c. à café

Sel casher et poivre noir fraîchement moulu

Crevettes, grosses ou moyennes, (57 à 77 par kg/26 à 35 par lb), 450 g (1 lb), décortiquées, déveinées et cuites

Concombres libanais, 6, coupés en deux sur la longueur, et tranchés en morceaux de 12 mm (½ po)

Tomates de variété ancienne, 2 grosses, coupées en morceaux de 2 à 2,5 cm (¾ à 1 po)

Menthe fraîche, 10 g (⅓ tasse) petites feuilles

Basilic frais, 15 g (⅓ tasse) petites feuilles

Arachides salées, 3 c. à soupe, hachées grossièrement

Quartiers de citron vert

4 PORTIONS

1 Dans un petit bol, mélanger le jus de citron vert, l'huile, la sauce de poisson, le piment, l'échalote et le sucre. Saler et poivrer au goût.

2 Dans un grand bol, mélanger les crevettes, les concombres et les tomates. Ajouter la sauce, la menthe et le basilic, et bien remuer. Répartir la salade dans 4 assiettes. Parsemer d'arachides. Servir aussitôt, accompagnée de quartiers de citron vert que les convives presseront au-dessus de la salade.

J'ai mis au point cette recette au Vermont quand un ami s'est amené avec une truite qu'il venait de pêcher. De saveur légèrement terreuse, les cremini ne cuisent que le temps de prendre une consistance viandeuse.

Truite croustillante, oignons verts et champignons

Semoule de maïs sans gluten, 60 g (¼ tasse)

Mélange de farines sans gluten, 45 g (¼ tasse), (j'aime bien ceux de Cup4Cup et de Bob's Red Mill)

Citron, 1, coupé en deux

Filets de truite, 2 (environ 180 g/6 oz chacun)

Sel casher et poivre noir fraîchement moulu

Huile d'olive, 4 c. à soupe

Cremini, 300 g (10 oz), tranchés

Oignons verts, 5, coupés en morceaux de 2,5 cm (1 po)

Persil plat frais, 1 c. à soupe, haché

2 PORTIONS ; DOUBLER AU BESOIN

1 Mélanger la semoule de maïs et la farine dans une assiette. Presser un demi-citron au-dessus du poisson, saler et poivrer.

2 Dans une grande poêle antiadhésive, chauffer 2 c. à soupe d'huile à feu moyen-vif. Ajouter les champignons, saler et poivrer. Faire sauter 3 minutes ou jusqu'à ce qu'ils commencent à ramollir. Ajouter les oignons verts et faire sauter 2 minutes de plus ou jusqu'à ce que les champignons soient à la fois tendres et fermes. Réserver au chaud dans un bol couvert.

3 Dans une autre grande poêle antiadhésive, chauffer 2 c. à soupe d'huile à feu moyen-vif. Rouler le poisson dans la préparation de farine. Déposer dans la poêle, peau dessous. Faire sauter 2 à 3 minutes par face, ou jusqu'à ce que la peau soit légèrement dorée et la chair souple au toucher.

4 Répartir le poisson dans 2 assiettes chaudes. Presser l'autre demi-citron pour en arroser le poisson. Couvrir à la cuiller de préparation aux champignons. Parsemer de persil et servir aussitôt.

Exempte de gluten, la semoule de maïs remplace avantageusement la farine de blé dans ce plat. Je n'ai pas encore décidé ce que je préférais: une croûte plus croustillante quand j'emploie de la semoule de maïs seule ou une meilleure absorption de la sauce quand j'opte plutôt pour un mélange à parts égales de semoule de maïs et de farines sans gluten.

Si vous doublez la recette, faites cuire les filets de poisson dans 2 poêles et les champignons en 2 fois; vous éviterez ainsi de les cuire à la vapeur et la peau du poisson sera bien croustillante.

Je fais sauter les patates douces et le chou frisé dans une poêle et le poisson enrobé de moutarde à l'ancienne dans une autre. J'aime beaucoup la chair rosée et de saveur délicate de l'omble chevalier.

Omble chevalier, chou frisé, patates douces et olives

Huile d'olive, 3 c. à soupe, plus au besoin

Gros oignon rouge, ½, tranché

Flocons de piment rouge, ¼ c. à café

Patate douce à chair orange, 1 (environ 210 g/10 oz), pelée, coupée en quartiers sur la longueur puis en travers en tranche de 6 mm (¼ po) d'épaisseur

Chou frisé, 1 botte, rincé mais non égoutté, tiges ôtées, feuilles hachées finement

Sel casher et poivre noir fraîchement moulu

Jus de citron frais, 2 c. à soupe

Filets d'omble chevalier ou de saumon, 4 (environ 180 g/6 oz chacun)

Moutarde de Dijon à l'ancienne, environ 4 c. à café

Olives Kalamata, 40 g (¼ tasse), dénoyautées, coupées en quatre sur la longueur (facultatif)

4 PORTIONS

La moutarde à l'ancienne, qui comprend des grains de moutarde entiers, est normalement exempte de gluten. Assurez-vous tout de même que c'est bien le cas en lisant l'étiquette.

1 Dans une poêle antiadhésive de 30 cm (12 po), chauffer 2 c. à soupe d'huile à feu moyen-vif. Faire sauter l'oignon et les flocons de piment 3 minutes pour les ramollir légèrement. Ajouter la patate douce et cuire 1 minute en remuant. Ajouter le chou frisé et remuer. Saler et poivrer légèrement, et ajouter le jus de ciron. Couvrir, baisser le feu à doux et, en remuant à l'occasion, cuire 12 minutes ou jusqu'à ce que la patate soit tendre et que le chou flétrisse.

2 Entre-temps, enduire la chair du poisson d'huile d'olive, saler et poivrer. Étaler la moutarde sur le côté chair. Dans une autre grande poêle antiadhésive, chauffer 1 c. à soupe d'huile d'olive à feu moyen-vif. Déposer le poisson, peau dessous. Couvrir et cuire, sans retourner, 6 minutes ou jusqu'à ce que la chair soit à peine souple et opaque au centre.

3 Si désiré, ajouter les olives aux légumes, puis assaisonner au goût. Répartir les légumes dans 4 assiettes chaudes. Disposer un filet dans chaque assiette et servir aussitôt.

Cette garniture à l'orientale se prépare rapidement, le temps que les spaghettis cuisent. Pensez toutefois à remuer fréquemment ces derniers; comme ils sont exempts de gluten, ils risquent de s'agglutiner.

Spaghetti, crevettes et asperges au gingembre

Spaghetti sans gluten, 180 g (6 oz)

Huile végétale, 1 c. à soupe

Gingembre frais, 3 c. à soupe, émincé

Asperges fines, 1 grosse botte (environ 360 g/12 oz), parées, coupées en tronçons de 4 cm (1½ po)

Crevettes géantes, (35 à 44 par kg/ 16 à 20 par lb), 300 g (10 oz), décortiquées et déveinées

Sel casher et poivre noir fraîchement moulu

Huile de sésame grillé, 2 c. à soupe

Oignons verts, 5, parties blanches et vert clair tranchées finement

Pâte de piment fort, de type sambal œlek ou sriracha, 1 c. à café

Coriandre fraîche, 15 g (⅓ tasse), hachée

2 PORTIONS ; DOUBLER AU BESOIN

1   Jeter les spaghettis dans une grande casserole d'eau bouillante salée et remuer. En remuant fréquemment, les cuire al dente, environ 8 minutes.

2   Entre-temps, chauffer l'huile végétale à feu moyen-vif dans une grande poêle antiadhésive. Cuire le gingembre et les asperges 1 minute. Ajouter les crevettes, saler, poivrer et faire sauter 6 minutes ou jusqu'à ce que les crevettes soit tout juste cuites et les asperges légèrement croquantes.

3   Réserver 125 ml (½ tasse) d'eau de cuisson des pâtes. Égoutter les pâtes et les mettre dans la poêle. Ajouter l'huile de sésame, les oignons verts et la pâte de piment, et remuer ; ajouter de l'eau de cuisson des pâtes en quantité suffisante pour humecter la préparation. Saler et poivrer au goût. Répartir les pâtes dans 2 assiettes chaudes. Parsemer de coriandre et servir aussitôt.

Si les crevettes géantes en provenance du golfe du Mexique sont particulièrement savoureuses et possèdent une agréable consistance, les grosses crevettes conviendront aussi; ajoutez-les dans la poêle 3 minutes après le début de la cuisson des asperges.

Je prépare plusieurs variantes de ce plat substantiel, par exemple en remplaçant les asperges par des lanières de courgettes ou des pois mange-tout, et les crevettes par des pétoncles ou des morceaux de poisson.

Rôtis avec le poisson, les haricots verts y gagnent en saveur et acquièrent une agréable consistance croquante. De plus, cela me simplifie la tâche. Délicieux et polyvalent, le pesto est exempt de gluten.

Omble chevalier, haricots verts et pesto roquette-citron

Enduit de cuisson à l'huile d'olive sans gluten

Filets d'omble chevalier ou de saumon sauvage, 4 (environ 180 g/6 oz chacun)

Huile d'olive extra-vierge, 2 c. à soupe, plus au besoin

Thym frais émincé, 2½ c. à café

Sel casher et poivre noir fraîchement moulu

Haricots verts, 450 g (1 lb), parés

Pesto roquette-citron (page 214)

4 PORTIONS

1 Préchauffer le four à 230 °C (450 °F). Vaporiser d'enduit de cuisson une petite plaque à pâtisserie à rebord. Déposer le poisson sur la plaque, peau dessous. Enduire d'huile d'olive et parsemer chaque filet de ½ c. à café de thym. Saler et poivrer légèrement.

2 Dans un grand bol, mélanger les haricots et 2 c. à soupe d'huile ; saler et poivrer. Disposer en une seule couche sur une grande plaque à pâtisserie à rebord. Enfourner et rôtir 12 minutes ou jusqu'à ce qu'ils soient légèrement croquants. Quatre minutes après le début de la cuisson, enfourner le poisson et rôtir 8 minutes ou jusqu'à ce qu'il soit tout juste cuit.

3 Répartir les haricots dans 4 assiettes chaudes. Disposer un filet dans chaque assiette et napper de pesto. Parsemer des deux dernières c. à café de thym et servir aussitôt.

Optez pour de petits haricots verts sucrés et tendres. La cuisson au four n'améliorera pas la consistance de ceux qui sont gros et durs.

Le saumon remplace très bien l'omble chevalier.

Vous pouvez aussi servir ce pesto sur des pâtes, du poulet ou de la salade de pommes de terre, ou décorer de volutes la soupe de courge ou de pomme de terre.

J'ai mis au point ce plat afin de mettre en valeur mes deux ingrédients estivaux préférés, la nectarine et le saumon de l'Alaska. Il se prépare rapidement et, étant donné la qualité des ingrédients, se suffit à lui-même.

Saumon et oignons rouges grillés, salsa de nectarine

Filets de saumon sauvage, 4
(180 g/6 oz chacun)

Huile d'olive

Sel casher et poivre noir fraîchement moulu

Le zeste d'un gros citron vert, râpé finement

Coriandre fraîche, 1½ c. à soupe, plus 10 g (¼ tasse), émincée

Oignons rouges, 2, coupés en tranches de 12 mm à 2 cm (½ à ¾ po)

Nectarines, 575 g (1¼ lb), hachées

Oignon rouge, 45 g (¼ tasse), émincé

Piment jalapeño rouge, 1 petit, épépiné et émincé

Jus de citron vert frais, 1 c. à soupe

4 PORTIONS

1 Déposer le poisson, peau dessous, sur une plaque à pâtisserie. Enduire d'huile d'olive, saler, poivrer et parsemer de zeste de citron vert et de 1½ c. à soupe de coriandre. Déposer les oignons sur la plaque. Enduire les deux faces d'huile d'olive, saler et poivrer.

2 Dans un petit bol, mélanger les nectarines, 10 g (¼ tasse) de coriandre, l'oignon émincé, le jalapeño et le jus de citron vert. Saler et poivrer au goût.

3 Préparer le barbecue pour la cuisson directe à feu vif. Déposer le poisson, peau dessous, et les oignons tranchés sur la grille. Couvrir et griller le poisson sans le retourner 10 minutes ou jusqu'à ce qu'il soit cuit et les oignons 5 minutes par face ou jusqu'à ce qu'ils soient dorés.

4 Répartir le saumon et les oignons dans 4 assiettes chaudes. Napper le poisson de salsa à la cuiller et servir aussitôt.

Vous pouvez remplacer les nectarines par des pêches et, à l'automne, par des poires, et transformer la salsa en chutney en lui ajoutant un peu de gingembre frais pelé et émincé.

Tout au long de l'été, nous consommons du saumon sauvage de l'Alaska, découvrant chaque fois avec bonheur les variétés qui se succèdent: d'abord, le riche royal, ensuite le sockeye à la chair d'un orange vif et, enfin, le coho à la saveur délicate.

Pour un repas plus consistant, servez ce plat avec des tortillas, du riz ou du quinoa.

Cette salade rafraîchissante aux saveurs mexicaines s'accompagne tout naturellement de croustilles de maïs. Comme elle nécessite peu ou pas de cuisson, elle convient particulièrement aux chaudes soirées d'été.

Salade de crevettes, avocat et pêche au piment et au citron vert

Préparez une plus grande quantité de cette sauce crémeuse que vous pourrez servir en semaine sur vos salades.

Jus de citron vert frais, 1½ c. à soupe

Mayonnaise sans gluten, 1 c. à soupe

Huile d'olive, 3 c. à soupe

Oignon rouge, 3 c. à soupe, émincé

Piment jalapeño rouge, 1, épépiné et émincé

Sel casher et poivre noir fraîchement moulu

Crevettes moyennes, (68 à 77 par kg/ 31 à 35 par lb), 340 à 450 g (12 à 16 oz) décortiquées, déveinées et cuites, avec la queue

Grosses pêches, 2, tranchées

Gros avocat, 1, pelé, tranché

Coriandre fraîche, 15 g (⅓ tasse), hachée grossièrement

Basilic frais, 15 g (⅓ tasse), haché grossièrement

Cœurs de romaine, 2, tranchés finement

4 PORTIONS

1 Dans un petit bol, mélanger le jus de citron vert et la mayonnaise. Incorporer graduellement l'huile au fouet. Ajouter l'oignon et le jalapeño, saler et poivrer au goût.

2 Dans un grand bol peu profond, mélanger les crevettes, les pêches et les tranches d'avocat. Ajouter la sauce, la coriandre et le basilic, et remuer délicatement. Ajouter la romaine, remuer délicatement et servir. On peut aussi répartir la romaine dans 4 assiettes, la couvrir de préparation aux crevettes et à la pêche, et servir.

Volaille

Comme ils sont maigres, cuisent rapidement
et se prêtent à de nombreuses préparations,
le poulet et la dinde figurent souvent
au menu de mes repas en semaine. Je
préfère la volaille biologique qui, à mon sens,
est plus savoureuse et plus nutritive que celle
des élevages traditionnels.

Ce qu'il faut savoir sur la volaille

Polyvalente et rapide à cuire, la volaille constitue un pilier de ma cuisine. J'apprécie d'autant plus le poulet et la dinde que je peux facilement incorporer les restes dans une foule de plats qui ne demandent que quelques minutes de préparation. C'est particulièrement utile quand je suis pressée.

Bien choisir la volaille

En semaine, j'emploie de préférence des morceaux de poulet ou de dinde, qui cuisent plus rapidement que la volaille entière. J'aime tout particulièrement les demi-poitrines de poulet désossées et sans la peau, les lanières de blanc et les cuisses sans la peau. Les escalopes de poulet ou de dinde constituent une excellente solution pour les sautés.

Les morceaux de poulet avec les os et la peau permettent également de préparer rapidement un repas. Os et peau confèrent beaucoup de saveur à la chair tout en préservant sa tendreté. La peau acquiert une agréable consistance croquante et une jolie couleur dorée quand elle est rôtie ou grillée. Quand j'ai de nombreux convives, je cuisine un mélange de morceaux à chair blanche et à chair brune, histoire d'en avoir pour tous les goûts. Pour les plats qui exigent une consistance et une saveur plus uniformes, j'opte pour les poitrines ou les cuisses entières et non désossées.

Pour les burgers ou le chili de dinde, je préfère la chair brune qui confère plus de saveur et de moelleux au plat que la chair de la poitrine. Si vous souhaitez un plat un peu plus maigre, vous pouvez toujours utiliser un mélange de chair brune et de chair blanche hachées.

Je préfère la volaille biologique, dont la chair est plus savoureuse. J'ai aussi la chance de vivre dans une région où je peux me procurer aisément du poulet et de la dinde élevés sur place et sans cruauté, dont la chair est également plus savoureuse. Je l'achète au marché, directement des éleveurs, chose que j'apprécie grandement. Si d'aventure je dois m'approvisionner au supermarché, j'opte pour la volaille refroidie à l'air, signe que la chair a été manipulée avec soin et que le transformateur se soucie de la saveur des aliments.

Planifier

Les restes de poulet sont pratiques pour la préparation de repas rapides, par exemple de tacos, risottos et salades. Le week-end, je fais volontiers rôtir un poulet entier dont j'emploierai les restes en semaine. Par contre, si mon but est d'avoir des restes, je choisis plutôt des cuisses, leur chair restant juteuse quand on les réchauffe tandis que le blanc a tendance à sécher.

Manger léger

On trouve aujourd'hui dans le commerce des saucisses de qualité à base de poulet et de dinde. Ajoutées judicieusement aux risottos, aux pâtes ou aux ragoûts, elles leur confèrent beaucoup de saveur tout en étant moins grasses que les saucisses de porc. Comme toujours, assurez-vous qu'elles sont exemptes de gluten, certains fabricants en utilisant comme excipient dans leurs produits.

Préparation et cuisson de la volaille

Le poulet et la dinde figurent régulièrement à mon menu. Souvent, j'achète des poitrines désossées ou des lanières de poulet, des escalopes de dinde ou de la dinde hachée en surplus en vue de les congeler pour un usage ultérieur. Mises à décongeler la veille, elles sont prêtes à cuisiner à mon retour du travail.

Préparation de la poitrine de poulet

Je suggère parfois de couper les blancs de poulet dans l'épaisseur de sorte que la cuisson à feu vif soit rapide et homogène. Déposez la poitrine sur le plan de travail. Posez votre main non dominante à plat dessus pour la maintenir en place et, à l'aide d'un long couteau affûté, coupez-la en deux parallèlement au plan de travail.

Préparation de la cuisse de poulet

Pour la cuisine en semaine, je sépare souvent le haut de cuisse du pilon. Déposez la cuisse sur une planche à découper, dessous tourné vers le haut. À l'aide d'un couteau, coupez à travers l'articulation afin de disjoindre les deux parties.

Vérification du degré de cuisson

Pour vérifier le degré de cuisson de la dinde ou du poulet désossé, appuyez sur la chair avec le bout du doigt. Elle devrait être ferme et reprendre sa forme aussitôt. Pour les morceaux avec os, piquez la pointe d'un couteau d'office dans la chair près d'un os : elle devrait avoir perdu sa teinte rosée et le jus qui s'en écoule devrait être clair. Vous pouvez également insérer un thermomètre instantané dans la partie la plus épaisse, en évitant l'os. La volaille est cuite quand il indique 74 °C (165 °F).

Conseils pour rôtir la volaille

Je suis plutôt partisane du rôtissage à feu vif, particulièrement pour les morceaux de poulet avec os. Enduite d'huile, la peau devient croustillante et dorée à souhait, et la chair reste tendre. Comme le four pourrait laisser échapper de la fumée sous l'effet de la chaleur intense, pensez à faire fonctionner la hotte.

Conseils pour griller la volaille

Quand je fais griller de la volaille, je ferme le couvercle du barbecue afin d'assurer une cuisson homogène. L'air chaud circule autour de l'aliment et le cuit de tous côtés, comme cela se produit dans un four.

Conseils pour faire sauter la volaille

Ce chapitre, de même que d'autres, présente de nombreux plats sautés. Pour obtenir de bons résultats, optez pour une poêle dans laquelle même les aliments peuvent tenir sans être tassés et disposer d'un peu d'espace autour. Si elle est trop petite, le liquide s'accumulera plutôt que de s'évaporer et les aliments cuiront à la vapeur plutôt que de griller ; si elle est trop grande, l'huile risque de fumer et de brûler.

Décongeler la volaille

Mettez la volaille à décongeler au réfrigérateur la veille. Elle devrait être prête à cuire le lendemain.

Sauce passe-partout fraîche et exempte de gluten, la salsa verde accompagne à merveille volaille, poisson, fruits de mer et pâtes. Je double généralement les quantités. À défaut de barbecue, faites sauter le poulet.

Poitrine de poulet grillée, salsa verde et haricots blancs

Salsa verde (page 215)

Demi-poitrines de poulet, désossées et sans la peau, 4, (150 à 180 g/5 à 6 oz chacune)

Sel casher et poivre fraîchement moulu

Haricots blancs, 2 boîtes (540 ml/18 oz liq. chacune), rincés et égouttés

Tomates cerises, 360 g (2 tasses), coupées en 2, ou 1 grosse tomate de variété ancienne, coupée en dés

4 PORTIONS

1 Préparer le barbecue pour la cuisson directe à feu vif. Réserver 60 ml (¼ tasse) de salsa verde.

2 Déposer le poulet sur une assiette, prélever 2 c. à café de salsa verde et enduire les deux faces. Saler et poivrer légèrement. Dans un bol moyen, mélanger les haricots et les tomates. Saler et poivrer au goût.

3 Déposer le poulet sur la grille, couvrir et cuire 5 minutes par face ou jusqu'à ce que la chair soit souple à la surface et à point. Répartir dans 4 assiettes chaudes et napper de la salsa verde réservée. Déposer les haricots à la cuiller dans l'assiette et servir aussitôt.

Je sers souvent ce plat d'accompagnement à base de haricots blancs et de tomates avec du poisson, du bœuf et de l'agneau. J'en farcis également des tortillas de maïs pour en faire des tacos végétariens.

On peut aussi faire cuire le poulet à couvert dans une poêle chauffée à feu moyen.

En optant pour des morceaux plutôt que pour un poulet entier, mon repas préféré est prêt en environ 30 minutes. Comme il est plutôt riche, je l'accompagne de laitue fraîche arrosée d'une vinaigrette à la moutarde.

Poulet et légumes rôtis aux épices d'automne

Morceaux de poulet, 1,25 kg à 1,5 kg (2¾ à 3 lb)

Huile d'olive, 3 c. à café

Paprika doux, 2 c. à café

Graines de coriandre moulues, 2 c. à café

Cumin moulu, 2 c. à café

Flocons de piment rouge, ¾ c. à café

Le zeste d'un gros citron, râpé

Sel casher, 1 c. à café, plus au besoin

Poivre noir fraîchement moulu

Courge Butternut en cubes, 1 sachet (420 à 450 g/14 à 16 oz)

Petites pommes de terre, 450 g (1 lb), tranchées en deux sur la longueur

4 PORTIONS

Les légumes qui cuisent avec le poulet s'imprègnent agréablement des jus de cuisson aromatiques et sont, à mon sens, meilleurs que le pain que je servais en accompagnement avant de renoncer au gluten.

1 Placer une grille au milieu du four et préchauffer à 230 °C (450 °F). Sécher le poulet avec un essuie-tout, le déposer dans un grand bol, ajouter 2 c. à café d'huile et le retourner. Dans un petit bol, mélanger le paprika, les graines de coriandre, le cumin, les flocons de piment rouge et le zeste de citron ; réserver 1 c. à soupe du mélange pour les légumes et ajouter le reste au poulet. Saupoudrer le poulet de 1 c. à café de sel et d'une bonne quantité de poivre noir et le retourner pour bien l'enrober. Le disposer, peau dessus, sur une moitié d'une grande plaque à pâtisserie à rebord.

2 Dans le même bol, mélanger la courge et les pommes de terre avec la dernière c. à soupe d'huile, saler et poivrer légèrement, et remuer. Ajouter le mélange d'épices réservé et remuer. Disposer les légumes sur la deuxième moitié de la plaque. Enfourner et rôtir environ 25 minutes ou jusqu'à ce que le poulet et les légumes soient cuits.

3 Disposer le poulet et les légumes sur une grande assiette ou les répartir dans 4 petites assiettes chaudes et servir aussitôt.

De nombreuses boulangeries offrant désormais des petits pains sans gluten, il n'y a aucune raison de renoncer aux burgers. Vous pouvez aussi servir la viande sur de la purée de pommes de terre parfumée à l'aneth.

Burgers de dinde, salade de chou moutarde-aneth

Mayonnaise sans gluten, 80 ml (⅓ tasse)

Moutarde de Dijon sans gluten, 5 c. à café

Aneth frais, 5 c. à café, émincé

Jus de citron frais, 1 c. à soupe, plus 1 c. à café

Sel casher et poivre fraîchement moulu

Mélange pour salade de chou, 1 sachet (225 g/½ lb)

Oignons verts, 3, émincés

Dinde hachée, (560 g/1¼ lb), chair brune de préférence

Huile d'olive

Petits pains sans gluten grillés, 4, ou **purée de pommes de terre** (page 214), avec 2 c. à café d'aneth frais haché

4 PORTIONS

1 Dans un petit bol, préparer la sauce en mélangeant la mayonnaise, 3 c. à café de moutarde, 2 c. à café d'aneth et 1 c. à café de jus de citron. Poivrer au goût. Dans un grand bol, mélanger la préparation pour salade de chou, 60 ml (¼ tasse) de sauce, la dernière c. à soupe de jus de citron et le tiers des oignons verts, et remuer. Saler et poivrer au goût.

2 Dans un autre grand bol, mélanger la dinde hachée, les 2 dernières c. à café de moutarde, 3 c. à café d'aneth, le reste d'oignons verts, ¾ c. à café de sel et une bonne quantité de poivre. Remuer délicatement. Former 4 galettes d'environ 1,5 cm (½ po) d'épaisseur. Avec le pouce, faire un creux au centre des galettes.

3 Chauffer une grande poêle à feu moyen ; enduire le fond d'huile. Faire dorer les galettes 5 minutes par face ou jusqu'à ce qu'elles soient cuites à cœur.

4 Réchauffer 4 assiettes et y disposer les fonds des petits pains. Couvrir chacun d'un burger et d'une cuillerée de sauce. Garnir de salade de chou, couvrir de l'autre moitié du petit pain et servir aussitôt. (Pour la variante avec pommes de terre, étendre la purée au centre des assiettes, couvrir d'un burger et servir la salade de chou à côté.)

Si certains membres de la maisonnée n'ont pas renoncé au gluten, portez une attention particulière aux condiments et autres produits à tartiner. Vous pourriez en avaler à votre insu si vous consommez un condiment dans lequel quelqu'un d'autre aura trempé son couteau après en avoir tartiné son pain ou un autre aliment renfermant du gluten. C'est un risque auquel sont souvent exposés les malades cœliaques.

Même si la mayonnaise et la moutarde de Dijon ne renferment généralement pas de gluten, il y a des exceptions. Lisez bien les étiquettes.

Composées de riz, les grosses nouilles pad thaï sont naturellement exemptes de gluten. Leur consistance s'accorde à merveille avec cette sauce aromatique, du blanc de poulet, du chou croquant et des shiitakes.

Nouilles au gingembre et au sésame, poulet et légumes

Pour émincer le chou, coupez-le d'abord en quatre sur la longueur, ôtez le trognon puis tranchez-le finement en travers.

Le sauté ne demande que quelques minutes de cuisson, mais il importe que tous les ingrédients soient prêts au préalable. Si vous employez une poêle antiadhésive, servez-vous de pinces munies de bouts en silicone pour remuer le tout.

Demi-poitrines de poulet, désossées et sans la peau, 225 g (½ lb), coupées en travers en tranches de 6 à 9 mm (¼ à ⅓ po)

Gingembre frais, 2 c. à soupe, émincé

Tamari sans gluten, 1 c. à soupe, plus 2 c. à café

Huile de sésame grillé, 3 c. à café

Vinaigre de riz, 1 c. à soupe, plus 1 c. à café

Sel casher et poivre noir fraîchement moulu

Grosses nouilles de riz pad thaï, 225 g (½ lb)

Huile végétale, 2 c. à soupe

Échalote, 1, tranchée finement

Flocons de piment rouge, ⅛ c. à café

Chou chinois, 270 g (3 tasses), tranché finement (environ ¼ de chou)

Champignons shiitakes, 90 à 120 g (3 à 4 oz), pieds ôtés, tranchés

Bouillon de poulet sans gluten, 60 ml (¼ tasse)

Oignons verts, 5, tranchés finement

Coriandre fraîche, 10 g (¼ tasse), hachée grossièrement

4 PORTIONS

1 Dans un bol, mélanger le poulet, 1 c. à soupe de gingembre, 2 c. à café de tamari, 1 c. à café d'huile de sésame et 1 c. à café de vinaigre de riz. Saler et poivrer légèrement. Laisser reposer le temps de préparer les nouilles.

2 Jeter les nouilles dans une grande casserole d'eau bouillante salée et les cuire 5 minutes ou jusqu'à ce qu'elles soient juste tendres. Égoutter, rincer et égoutter. Dans un bol, mélanger avec 2 c. à café d'huile de sésame et remuer.

3 Dans un wok de 30 cm (12 po) ou une poêle antiadhésive, chauffer l'huile végétale à feu moyen-vif. En remuant, cuire 1 c. à soupe de gingembre, l'échalote et les flocons de piment 30 secondes ou jusqu'à ce qu'ils libèrent leur arôme. Ajouter le poulet et cuire en remuant environ 1½ minute. Ajouter le chou et les champignons, et cuire en remuant 2 ou 3 minutes ou jusqu'à ce que le poulet soit à point et le chou tout juste ramolli. Ajouter les nouilles, le bouillon de poulet, les oignons verts, 1 c. à soupe de tamari et 1 c. à soupe de vinaigre. À l'aide de pinces, remuer 1 minute ou jusqu'à ce que les nouilles soient chaudes et les ingrédients mélangés. Saler et poivrer au goût. Répartir dans 4 assiettes chaudes, parsemer de coriandre fraîche et servir aussitôt.

La polenta est un plat d'accompagnement sans gluten extraordinaire, aussi réconfortant que les pâtes, le pain ou autres féculents à base de blé. Servez-la en accompagnement de plats de viande, de volaille ou de poisson grillés ou sautés, ou, pour un repas sans viande, couvrez-la de légumes ou d'œufs pochés ou frits. Vous pouvez la parfumer à votre goût en y ajoutant vos fines herbes préférées ou du fromage râpé. Vous pouvez aussi la déposer dans un plat en verre, la laisser refroidir jusqu'au lendemain, puis la couper en pointes que vous ferez sauter dans de l'huile d'olive. Si vous la servez avec du poisson ou des fruits de mer, je vous conseille d'omettre le fromage.

Polenta crémeuse

Semoule de maïs sans gluten (j'aime bien celle de Bob's Red Mill), 75 g (½ tasse)

Huile d'olive, 1 c. à soupe

Sel casher et poivre fraîchement moulu

Parmesan ou pecorino romano, 2 à 4 c. à café, fraîchement râpé (facultatif)

Fines herbes, 1 c. à soupe, hachées

2 À 3 PORTIONS

Au micro-ondes

Dans un bol allant au micro-ondes, mélanger 500 ml (2 tasses) d'eau, la semoule de maïs, l'huile, ½ c. à café de sel et une bonne quantité de poivre. Cuire 5 minutes au micro-ondes réglé à haute intensité. Bien remuer et cuire de nouveau 5 minutes à haute intensité. Bien remuer. Incorporer le fromage, si désiré, et les herbes, rectifier l'assaisonnement et servir aussitôt.

Sur la cuisinière

Dans une casserole épaisse, porter à ébullition à feu vif 625 ml (2½ tasses) d'eau, l'huile, ½ c. à café de sel et une bonne quantité de poivre. Incorporer graduellement la semoule de maïs au fouet. Porter à ébullition, en remuant fréquemment. Baisser le feu à doux et, en remuant fréquemment, laisser mijoter doucement 18 minutes ou jusqu'à ce que la polenta épaississe. Incorporer le fromage, si désiré, et les herbes, rectifier l'assaisonnement et servir aussitôt.

La pâte de tomate est un épaississant savoureux et sans gluten qui colore agréablement les plats braisés et les ragoûts. Je préfère celle qu'on vend en tube car elle reste fraîche des mois durant.

Poulet et fenouil braisés, polenta crémeuse

Demi-poitrines de poulet avec os et peau, 2

Sel casher et poivre fraîchement moulu

Huile d'olive, 1 c. à soupe

Pancetta, 45 g (1½ oz), hachée

Graines de fenouil, 1 c. à café

Oignon jaune, 1, haché grossièrement

Bulbe de fenouil, 1, tiges ôtées et réservées, coupé, trognon ôté, tranché

Feuilles de laurier, 2

Pâte de tomate, 1 c. à soupe

Vin blanc sec, 125 ml (½ tasse)

Bouillon de poulet sans gluten, 125 ml (½ tasse)

Polenta crémeuse (page 115), avec fenouil haché

2 PORTIONS

1   À l'aide de ciseaux à volaille, couper les poitrines en deux en travers. Sécher avec un essuie-tout, puis saler et poivrer les deux faces. Dans une grande poêle antiadhésive, chauffer l'huile à feu moyen-vif. Faire dorer le poulet environ 3 minutes par face. Déposer dans une assiette.

2   Vider le gras de la poêle et la remettre à chauffer à feu moyen-vif. Faire sauter la pancetta et les graines de fenouil 30 secondes. Ajouter l'oignon, le bulbe de fenouil tranché et les feuilles de laurier. Faire sauter 5 minutes ou jusqu'à ce que les légumes commencent à dorer. Incorporer la pâte de tomate. Ajouter le vin et porter à ébullition, en raclant le fond pour en détacher toutes les particules.

3   Remettre le poulet dans la poêle avec le jus qui s'est accumulé dans l'assiette. Ajouter le bouillon et porter à ébullition. Baisser le feu à moyen-doux, couvrir et laisser mijoter 12 à 15 minutes, selon l'épaisseur du poulet, ou jusqu'à ce qu'il soit à point ; le retourner au bout de 6 minutes de cuisson. Goûter et rectifier l'assaisonnement.

4   Répartir la polenta dans 2 assiettes chaudes. Couvrir de poulet et de sauce. Parsemer de feuilles de fenouil émincées et servir aussitôt.

Quand j'ai adopté une alimentation sans gluten, j'ai apprécié tout particulièrement la polenta crémeuse, qui peut servir de base à une foule de plats en sauce. Ma variante rapide n'exige que 10 minutes de cuisson au micro-ondes et ne demande à être remuée qu'une fois. Cela changera certainement la manière dont vous voyez ce grain.

Lancez la cuisson de la polenta tandis que le poulet cuit dans le bouillon. Elle sera prête en même temps.

Dans ce plat, maïs frais et tendres poitrines de poulet sont enrobés d'un mélange fumé et épicé, et garnis d'une relish de maïs. Coupés dans l'épaisseur, les poitrines de poulet cuisent rapidement et restent bien juteuses.

Poulet grillé au chipotle, maïs et relish de tomates

Si les chipotles en adobo vendus en boîte renferment souvent du gluten, les piments séchés et moulus en sont généralement exempts. On en trouve dans bien des épiceries ou en ligne.

Vous pouvez apprêter de la même manière les escalopes de poitrine de dinde, les crevettes ou le mahi-mahi. Aussi, n'hésitez pas à remplacer tout ou partie du maïs par des courgettes.

Pour la cuisson à l'intérieur, faites sauter le poulet à feu moyen-vif dans une poêle et bouillir le maïs. Assaisonnez ce dernier après l'avoir égoutté.

Piment chipotle moulu, 1 c. à soupe

Cumin moulu, 1 c. à soupe

Huile d'olive, 4 c. à soupe

Jus de citron vert frais, 3 c. à soupe

Demi-poitrines de poulet désossées et sans la peau, 560 à 680 g (1¼ à 1½ lb)

Épis de maïs frais, 4, épluchés

Sel casher et poivre noir fraîchement moulu

Tomates cerises, 795 g (1¾ lb), coupées en deux

Oignons verts, 3 gros, coupés en deux sur la longueur et hachés finement

Marjolaine fraîche, 4 c. à café, plus 1½ c. à café, émincée

4 PORTIONS

1 Dans un petit bol, mélanger le piment chipotle et le cumin. Incorporer graduellement 3 c. à soupe d'huile d'olive et le jus de citron vert.

2 À l'aide d'un couteau à grosse lame, couper soigneusement les poitrines de poulet en deux sur l'épaisseur. Déposer le poulet et le maïs sur une plaque à pâtisserie à rebord. Les enduire sur toutes leurs faces de préparation au chipotle, puis saler et poivrer généreusement.

3 Dans un bol, mélanger les tomates, les oignons verts, 4 c. à café de marjolaine et la dernière c. à soupe d'huile. Saler et poivrer au goût.

4 Préparer le barbecue pour la cuisson directe à feu vif. Disposer le maïs sur la grille, couvrir et cuire 10 minutes ou jusqu'à ce qu'il soit doré par endroits et presque tendre ; retourner à l'occasion. Déposer le poulet sur la grille, couvrir et, selon son épaisseur, cuire 3 ou 4 minutes par face ou jusqu'à ce que la chair soit souple à la surface et à point. Déposer le maïs et le poulet dans une grande assiette chaude. Napper le poulet de relish, saupoudrer la dernière 1½ c. à café de marjolaine sur le maïs et servir aussitôt.

En faisant rôtir le poulet à haute température, on obtient en 30 minutes environ une peau croustillante, une chair juteuse et un délicieux gras de cuisson. Je déglace la lèchefrite et ajoute le jus aux pâtes.

Poulet rôti, penne au persil et au citron

Morceaux de poulet, 1,4 kg (3 lb), pilons et hauts de cuisse séparés

Huile d'olive

Sel casher et poivre fraîchement moulu

Le zeste de 3 gros citrons

Persil plat frais, 25 g (½ tasse), émincé

Parmesan, 60 g (½ tasse), fraîchement râpé

Grosse échalote, 1, émincée

Penne sans gluten, 225 g (½ lb) (j'aime bien ceux de la marque Schär)

Bette à carde, 1 botte, tiges ôtées, feuilles hachées

Huile d'olive extra-vierge, 2 c. à soupe

Vin blanc sec, 125 ml (½ tasse)

4 PORTIONS

1 Mettre une grille au milieu du four et préchauffer à 230 °C (450 °F). Dans une lèchefrite, enduire le poulet d'huile d'olive sur ses deux faces, saler et poivrer. Réserver 2½ c. à soupe de zeste de citron dans un bol et frotter le reste sur le poulet ; le faire rôtir, peau dessus, 30 minutes ou jusqu'à ce qu'il soit à point. Entre-temps, mélanger le persil, le parmesan et l'échalote avec le zeste de citron réservé.

2 Jeter les pâtes dans une grande casserole d'eau bouillante salée et cuire 2 minutes de moins que le temps indiqué sur le sachet, en remuant souvent. Ajouter la bette à carde et, en remuant à l'occasion, cuire 2 minutes ou jusqu'à ce que les pâtes soient al dente. Égoutter et remettre dans la casserole. Ajouter 2 c. à soupe d'huile d'olive extra-vierge et une bonne quantité de poivre, et remuer. Incorporer la préparation au persil en en réservant 2 c. à soupe. Couvrir.

3 Déposer le poulet dans une assiette chaude. Ne garder qu'un peu de gras dans le fond de la casserole, ajouter le vin et porter à ébullition à feu moyen, en raclant pour détacher toutes les particules. Verser dans une petite casserole et laisser mijoter 5 minutes ou jusqu'à ce qu'il ne reste que 80 ml (⅓ tasse). Verser sur les pâtes.

4 Répartir le poulet dans 4 assiettes chaudes et parsemer du mélange au persil réservé. Ajouter aux pâtes le liquide qui s'est déposé dans l'assiette du poulet. Rectifier l'assaisonnement et répartir dans les assiettes.

Pour râper du zeste d'agrume, j'emploie le zesteur Microplane. Il vient très rapidement à bout des 3 citrons de ce plat.

Comme la saveur, la consistance et la couleur des pâtes composées d'un mélange de farines rappellent plus celles des pâtes de semoule de blé que d'autres variétés, elles conviennent tout particulièrement à ce plat.

J'aime la façon dont cette riche sauce aromatique
coule entre les coquilles. Vous pouvez remplacer
les pâtes de quinoa par une autre variété sans gluten.
Quant aux verdures, optez pour vos préférées.

Pâtes, saucisse de dinde et verdures amères

Huile d'olive, 2 c. à soupe

Oignon jaune, 1 gros, haché

**Saucisse de dinde sans gluten
à l'italienne, épicée ou douce, boyaux
ôtés,** 300 g (10 oz)

Graines de fenouil, 1 c. à café, broyées

Vin blanc sec, 125 ml (½ tasse)

Bouillon de poulet sans gluten,
250 ml (1 tasse)

Pâte de tomate, 1 c. à soupe

Chou frisé ou bette à carde, 1 botte,
tiges ôtées, haché

Pâtes coquilles sans gluten, 250 g (½ lb)

Parmesan, 60 g (½ tasse), fraîchement
râpé, plus pour la garniture

Basilic frais, 7 g (¼ tasse), haché

Sel casher et poivre fraîchement moulu

4 PORTIONS

1   Dans une grande poêle épaisse, chauffer l'huile à feu moyen-vif. Faire sauter
l'oignon 5 minutes ou jusqu'à ce qu'il soit translucide. Ajouter la saucisse
et les graines de fenouil et, en défaisant la viande à la cuiller, la faire dorer
environ 8 minutes. Ajouter le vin et faire bouillir 2 minutes ou jusqu'à ce qu'il
soit absorbé. Incorporer le bouillon et la pâte de tomate, et laisser mijoter
10 minutes ou jusqu'à ce que la préparation ait épaissi légèrement.

2   Entre-temps, porter à ébullition une grande casserole remplie aux trois
quarts d'eau salée. Ajouter les verdures et cuire, selon la variété choisie,
4 à 6 minutes ou jusqu'à ce qu'elles soient tout juste tendres. À l'aide d'une
écumoire, les déposer dans un bol. Ajouter les pâtes dans la casserole et,
en remuant fréquemment, les cuire al dente, environ 7 minutes. Égoutter.

3   Mettre les verdures et les pâtes dans la poêle et remuer pour les enrober de
sauce. Incorporer 60 g (½ tasse) de fromage et le basilic. Saler et poivrer au
goût. Répartir dans 4 assiettes chaudes. Servir aussitôt, en faisant circuler le
fromage autour de la table.

Surveillez attentivement
la cuisson des pâtes sans
gluten, qui passent
rapidement du stade dur
au stade al dente, puis
au stade trop cuit.

Les cartons aseptiques
des bouillons sans gluten
se referment
hermétiquement. J'en
garde généralement
au réfrigérateur afin
d'assaisonner mes plats.

Fines herbes et carottes renouvellent ce plat classique. Pour préserver l'arôme du thym, ne l'ajoutez qu'au moment de servir. Accompagnez de pain de maïs cuit à la poêle (page 138), en remplaçant la sauge par du thym.

Cuisses de poulet braisées, carottes, pommes de terre et thym

Sel casher et poivre fraîchement moulu

Cuisses de poulet désossées et sans la peau, 675 g (1½ lb), le gras enlevé

Paprika doux

Huile d'olive, 2 c. à soupe

Oignon rouge, 1, haché finement

Pommes de terre à peau rouge, 450 g (1 lb), d'environ 5 cm (2 po) de diamètre, coupées en 4

Carottes, 8, coupées en deux sur la longueur, puis en tronçons de 4 cm/1½ po

Mélange de farines sans gluten, 1 c. à soupe, plus 1 c. à café (j'aime bien la marque Cup4Cup)

Bouillon de poulet sans gluten et à faible teneur en sel, 330 ml (1⅓ tasse)

Vermouth ou vin blanc sec, 80 ml (⅓ tasse)

Thym frais, 1½ c. à soupe, émincé

4 PORTIONS

La première fois que j'ai préparé ce plat, j'ai employé le mélange de farines sans gluten Cup4Cup et j'ai beaucoup aimé la consistance soyeuse qu'il conférait à la sauce. Essayez-le, ou un produit d'une autre marque, la prochaine fois que vous déglacerez votre poêle ou votre lèchefrite.

1   Saler et poivrer légèrement le poulet et l'assaisonner généreusement de paprika. Dans une grande poêle épaisse, chauffer l'huile à feu moyen-vif. Dans la même poêle, faire dorer le poulet environ 2 minutes par face. Le déposer dans une assiette. Faire cuire l'oignon en remuant. Ajouter les quartiers de pommes de terre et les carottes. Saler et poivrer, et faire sauter 5 minutes ou jusqu'à ce que les légumes commencent à dorer. Ajouter le mélange de farines et remuer. Incorporer graduellement le bouillon et le vermouth. Porter à ébullition, en remuant fréquemment. Remettre le poulet dans la poêle et porter à ébullition.

2   Couvrir, baisser le feu à moyen-doux et, en remuant et retournant le poulet à l'occasion, laisser mijoter 25 minutes ou jusqu'à ce que le poulet et les légumes soient cuits. Incorporer le thym. Goûter et rectifier l'assaisonnement. Répartir le poulet et les légumes dans 4 assiettes chaudes et servir aussitôt.

La sauce barbecue du commerce renferme souvent du gluten. Cette variante douce-épicée constitue une solution de rechange savoureuse qui plaira certainement à tous. Servez avec du maïs grillé.

Poulet grillé et sa sauce barbecue

Huile d'olive, 1 c. à soupe, plus au besoin

Grosse échalote, 1, émincée

Romarin frais, 2½ c. à soupe, émincé

Flocons de piment rouge, ½ c. à café

Ketchup sans gluten, 60 ml (¼ tasse)

Moutarde de Dijon sans gluten, 60 ml (¼ tasse)

Mélasse légère, 80 g (¼ tasse)

Bouillon de poulet sans gluten, 60 ml (¼ tasse)

Paprika fumé, ½ c. à café

Sel casher et poivre noir fraîchement moulu

Morceaux de poulet, 1,3 kg (3 lb)

4 PORTIONS, AVEC UN SURPLUS DE SAUCE

1 Dans une poêle moyenne antiadhésive, chauffer 1 c. à soupe d'huile à feu moyen. Faire sauter l'échalote, 1 c. à soupe de romarin et les flocons de piment rouge 2 minutes ou jusqu'à ce que l'échalote soit translucide. Ajouter le ketchup, la moutarde, la mélasse, le bouillon et le paprika fumé. Laisser mijoter 10 minutes environ. Saler et poivrer au goût.

2 Entre-temps, enduire le poulet d'huile d'olive et saupoudrer de la dernière 1½ c. à soupe de romarin ; saler et poivrer au goût.

3 Préparer le barbecue pour la cuisson directe à feu vif. Dans un bol, réserver une partie de la sauce pour arroser le poulet. Déposer le poulet sur la grille, couvrir et faire dorer environ 5 minutes par face. Enduire de sauce, couvrir et, en arrosant à l'occasion, poursuivre la cuisson 5 minutes par face ou jusqu'à ce que le poulet soit à point. Le déposer sur une assiette chaude. Servir aussitôt, en faisant circuler le reste de sauce autour de la table.

Pour une cuisson homogène, je coupe les grosses poitrines de poulet en deux en travers à l'aide de ciseaux à volaille.

La recette permet de préparer une bonne quantité de sauce, qui se conservera quelques jours au réfrigérateur. C'est donc l'occasion d'inviter plusieurs convives, à moins que vous préfériez servir d'autres grillades durant la semaine. La sauce est également excellente sur des côtes ou des côtelettes de porc.

Voici une salade rafraîchissante, épicée et acidulée pour ces soirs où vous n'avez pas envie de cuisiner. Je l'accompagne souvent de croustilles de patates douces, de maïs bleu ou multigrains.

Salade au poulet, aux agrumes et à l'avocat

Jus de citron vert frais, 80 ml (⅓ tasse)

Huile d'olive, 9 c. à soupe

Oignon rouge, 150 g (¾ tasse), émincé

Gros piment serrano, 1, épépiné et émincé

Poudre de piment ancho, 1½ c. à café

Cumin moulu, 1 c. à café

Sel casher et poivre fraîchement moulu

Demi-poitrines de poulet, désossées et sans la peau, 450 à 565 g (1 à 1¼ lb)

Oranges, 2

Tomates cerises, 360 g (2 tasses), coupées en deux

Coriandre fraîche, 20 g (½ tasse), hachée grossièrement

Cœurs de romaine, environ 120 g (4 tasses), tranchés grossièrement

Gros avocat, 1, pelé et coupé en morceaux de la grosseur d'une bouchée

4 PORTIONS

Pour apprêter les agrumes, coupez une fine tranche aux deux extrémités du fruit pour en exposer la chair. Mettez-le sur un côté plat sur la planche à découper. En suivant ses courbes et en travaillant de haut en bas, enlevez la peau et la partie blanche par sections, au couteau.

En saison, remplacez les tomates cerises par une tomate de variété ancienne, coupée en deux, épépinée et hachée.

1 Verser le jus de citron vert dans un petit bol. Incorporer graduellement l'huile d'olive au fouet. Incorporer l'oignon, le piment serrano, la poudre de piment ancho et le cumin. Saler et poivrer au goût. Prélever 2 c. à café de sauce et en enduire le poulet. Laisser reposer le poulet le temps de préparer le reste des ingrédients.

2 À l'aide d'un couteau fin affûté, retirer la peau et la partie blanche des oranges. Les couper en quartiers puis en travers. Dans un grand bol, mélanger les oranges, les tomates et la coriandre.

3 Chauffer une grande poêle antiadhésive à feu moyen. Y mettre le poulet, couvrir et, selon son épaisseur, le cuire 5 à 8 minutes par face ou jusqu'à ce qu'il soit juste à point. Laisser refroidir 10 minutes sur une planche à découper.

4 Couper le poulet en morceaux de la grosseur d'une bouchée et ajouter au mélange d'oranges et de tomates. Incorporer la moitié du reste de sauce. Ajouter la romaine et le reste de sauce, et remuer. Saler et poivrer au goût. Incorporer l'avocat et servir aussitôt.

Les aliments panés sont généralement préparés avec de la chapelure de blé. Depuis que j'ai changé mon alimentation, j'ai découvert que bien des ingrédients sans gluten donnaient des résultats tout aussi satisfaisants. Vous trouverez ci-dessous une technique pour paner et cuire poulet, dinde et poisson. Ou reportez-vous à la page 83 pour une fabuleuse recette de poisson enrobé de noix ou à la page 130 pour une méthode simple pour paner des morceaux de poulet avec os.

«Chapelure» sans gluten

Enduit de cuisson à l'huile de canola, sans gluten

«Chapelure» au choix : amandes, flocons ou croustilles de maïs sans gluten, pacanes ou croustilles de pommes de terre sans gluten

Fines herbes : thym, origan ou marjolaine (facultatif)

Épices : piment de Cayenne, assaisonnement au chili ou paprika (facultatif)

Coupes fines de volaille ou de poisson : lanières de poulet, escalopes de poulet ou de dinde, filets de poisson d'épaisseur moyenne

Huile d'olive

Sel casher et poivre fraîchement moulu

Cuisson au four

Préchauffer le four à 230 °C (450 °F). Vaporiser d'enduit de cuisson une plaque à pâtisserie à rebord. Au besoin, moudre finement au robot culinaire les ingrédients volumineux, tels que flocons et croustilles de maïs, croustilles de pommes de terre et noix. Attention toutefois à ne pas moudre trop finement les noix, qui risqueraient de se transformer en beurre. Déposer la chapelure dans un plat en verre et ajouter en petites quantités herbes ou épices au goût.

Enduire le poulet, la dinde ou le poisson d'huile d'olive ; saler et poivrer généreusement. Rouler la volaille ou le poisson dans la chapelure, puis appuyer avec la main pour la faire adhérer. Déposer sur la plaque préparée. Vaporiser la surface d'enduit de cuisson de sorte que la chapelure dore à la cuisson. Enfourner et, selon l'épaisseur, cuire 10 à 15 minutes ou jusqu'à ce que la chapelure soit dorée et la volaille ou le poisson à point.

Rien de plus simple que de paner des morceaux de poulet ou de poisson pour obtenir une croûte croustillante: roulez-les légèrement dans un mélange de farines sans gluten ou de semoule de maïs, éliminez le surplus puis faites-les sauter à la poêle dans du beurre ou de l'huile jusqu'à ce qu'ils soient cuits.

Vous trouverez à la page 91 ma recette de truite panée à la semoule de maïs et à la page 134, celle des lanières de poulet sautées avec des légumes du jardin.

Avant d'employer des croustilles ou des céréales en sachet ou en boîte comme chapelure, lisez bien les étiquettes afin de vous assurer qu'elles soient exemptes de gluten.

Enrobé de fines miettes de croustilles de maïs et rôti à feu vif, ce poulet à la fois croustillant et tendre vous évitera tous les inconvénients de la friture. Cuisses, pilons ou poitrine avec ou sans la peau conviennent.

Poulet « frit » au four, salade de petits épinards

Huile d'olive, 60 ml (¼ tasse), plus au besoin

Croustilles de maïs sans gluten, 1 sachet (165 g/5½ oz) (j'aime bien les croustilles multigrains de Food Should Taste Good)

Marjolaine séchée, 1 c. à café, émiettée

Cumin moulu, 1 c. à café

Piment de cayenne, ¼ c. à café

Morceaux de poulet, 1,6 kg (3½ lb)

Sel casher et poivre fraîchement moulu

Jus de citron vert frais, 2 c. à soupe

Petits épinards, 120 à 180 g (4 à 6 oz)

Tomates cerises, 360 g (2 tasses), coupées en deux

4 À 6 PORTIONS

Voilà un plat idéal pour un repas familial simple ou un pique-nique. Pour d'autres suggestions de chapelure sans gluten, reportez-vous à la page 128.

1 Préchauffer le four à 230 °C (450 °F). Enduire d'huile une grande plaque à pâtisserie à rebord. Moudre finement au robot culinaire les croustilles de maïs et les déposer dans un moule à tarte. Mélanger la marjolaine, le cumin et le piment de Cayenne. Enduire généreusement d'huile le poulet sur toutes ses faces, puis saler et poivrer. Le rouler dans les miettes de maïs, 2 morceaux à la fois, en appuyant pour faire adhérer. Disposer les morceaux de poulet sur la plaque, peau dessus.

2 Enfourner et rôtir 35 minutes ou jusqu'à ce que la croûte soit dorée et le poulet cuit. Laisser raffermir 5 minutes.

3 Mettre le jus de citron vert dans un petit bol et incorporer graduellement au fouet ¼ tasse d'huile d'olive. Saler et poivrer au goût. Dans un saladier, mélanger les épinards et les tomates. Ajouter la vinaigrette et remuer. Répartir le poulet et la salade dans des assiettes et servir.

Poulet et légumes baignent ici dans une sauce
à la coréenne, qui convient aussi au poisson. Du riz
complet à grain court légèrement collant l'accompagne
avec d'autant plus de bonheur qu'il est exempt de gluten.

Poulet à l'orientale, shiitakes et pak choï

Huile d'olive, 4 c. à soupe

Échalote, 1, émincée

Gingembre frais, 1 c. à soupe, émincé

Piment serrano avec ses graines,
1½ c. à café, émincé

Tamari sans gluten, 80 ml
(⅓ tasse)

Sucre brun, 60 g (¼ tasse), bien tassé

Vinaigre de riz non assaisonné,
3 c. à soupe

Huile de sésame grillé, 1 c. à soupe

**Cuisses de poulet désossées et sans
la peau,** 560 à 675 g (1¼ à 1½ lb)

Sel casher et poivre fraîchement moulu

Petits pak choï, 6, coupés en deux sur
la longueur

Champignons shiitakes frais,
225 g (½ lb), pieds ôtés

Oignons verts, 4, tranchés finement

Riz complet à grain court, cuit

4 PORTIONS

1   Dans une petite casserole épaisse, chauffer 1 c. à soupe d'huile d'olive à feu
    moyen. Faire sauter l'échalote, le gingembre et le piment 3 minutes ou
    jusqu'à ce qu'ils soient tendres. Ajouter le tamari, le sucre brun, le vinaigre
    et 3 c. à soupe d'eau, et laisser mijoter 6 minutes ou jusqu'à ce que la
    préparation ait réduit à 180 ml (¾ tasse). Retirer du feu et incorporer l'huile
    de sésame. Déposer la moitié de la préparation dans un petit bol.

2   Dans un grand bol, mélanger le poulet, 1 c. à soupe d'huile d'olive, du sel
    et du poivre, et remuer. Dans un autre grand bol, mélanger les pak choï et
    les champignons. Ajouter les 2 dernières c. à soupe d'huile d'olive, saler
    et poivrer au goût, et remuer.

3   Préparer le barbecue pour la cuisson directe à feu vif. Déposer le poulet sur
    la grille et l'enduire de la sauce du petit bol. Mettre les légumes sur la grille.
    Couvrir et, en l'enduisant à l'occasion de sauce, cuire le poulet 6 minutes par
    face ou jusqu'à ce qu'il soit à point. Cuire les légumes 4 minutes par face, ou
    jusqu'à ce qu'ils soient légèrement croquants et dorés. Déposez le poulet
    et les légumes dans une assiette chaude et parsemer d'oignons verts. Servir
    aussitôt avec le riz et le reste de sauce.

Pour un goûter rapide
ou un petit-déjeuner
consistant, je fais mijoter
le riz cuit avec du lait
d'amandes, du sucre brun
et une gousse
de cardamome jusqu'à ce
que la préparation soit
bien chaude.

Vous pouvez modifier ce plat simple en remplaçant les pois par des asperges ou des courgettes, et la menthe, par de l'estragon ou de l'aneth. Je le sers sur du riz jasmin complet (page 214) ou du quinoa (page 74).

Lanières de poulet sautées, pois à la menthe

Les lanières de poulet sont tout indiquées en semaine car elles cuisent rapidement et demandent peu de préparation.

Simples d'emploi, les mélanges de farines sans gluten forment une couche dorée sur le poulet et épaississent la sauce en lui conférant une consistance soyeuse.

Mélange de farines sans gluten (j'aime bien la marque Cup4Cup)

Lanières de poulet, 300 g (10 oz)

Sel casher et poivre fraîchement moulu

Huile d'olive, 2 c. à soupe

Petits pois écossés frais ou surgelés, environ 210 g (1½ tasse)

Pois mange-tout, 180 g (6 oz), fils ôtés

Bouillon de poulet sans gluten, 250 ml (1 tasse)

Menthe fraîche, 2 c. à soupe, émincée

Jus de citron frais, 1½ c. à soupe

2 PORTIONS ; DOUBLER AU BESOIN

1 Étendre le mélange de farines sur une assiette. Couper les lanières de poulet en deux en travers. Saler et poivrer légèrement, puis rouler dans la farine.

2 Dans une grande poêle antiadhésive, chauffer l'huile à feu moyen-vif. Faire sauter le poulet 5 minutes ou jusqu'à ce qu'il soit tout juste cuit. Déposer dans une assiette. Mettre les petits pois et les pois mange-tout dans la poêle ; saler et poivrer légèrement. Faire sauter pour réchauffer, environ 2 minutes. Ajouter le bouillon et porter à ébullition en raclant le fond pour en détacher toutes les particules. Couvrir et faire bouillir 3 minutes ou jusqu'à quasi-tendreté.

3 Mettre dans la poêle le poulet et le jus qui s'est accumulé dans l'assiette. Ajouter la menthe et, en remuant sans cesse, laisser mijoter à découvert 2 minutes ou jusqu'à ce que la sauce épaississe et enrobe le poulet. Incorporer le jus de citron. Goûter et rectifier l'assaisonnement. Répartir le poulet et les légumes dans 2 assiettes chaudes et servir aussitôt.

Je prépare cette soupe réconfortante quand je veux me prémunir contre la grippe ou, les mauvais jours, pour me remonter le moral. Optez pour un bon bouillon sans gluten, la saveur de la soupe dépendant de sa qualité.

Soupe au poulet, rotelle, gingembre et basilic

Huile végétale, 1 c. à soupe

Oignon jaune, 1, haché grossièrement

Gingembre frais, 45 g (⅓ tasse), émincé

Champignons shiitakes frais, 180 à 240 g (6 à 8 oz), pieds ôtés, tranchés

Bouillon de poulet sans gluten à faible teneur en sodium, 2 L (8 tasses)

Cuisses de poulet désossées et sans la peau, 450 g (1 lb)

Pâtes rotelle sans gluten, 120 g (4 oz)

Edamames, environ 270 g (1½ tasse), écossées et prêtes à consommer

Jus de citron frais, 2 c. à café

Sel casher et poivre fraîchement moulu

Oignons verts, 3, parties blanches et vert clair tranchées

Basilic frais, 45 g (environ 1 tasse) ciselé

4 À 6 PORTIONS

1 Dans une grande casserole, chauffer l'huile à feu moyen. Faire suer l'oignon et le gingembre 3 minutes. Ajouter les champignons et les faire sauter 2 minutes ou jusqu'à ce que l'oignon soit translucide. Ajouter le bouillon et 500 ml (2 tasses) d'eau, monter le feu à vif et porter à ébullition. Ajouter le poulet et porter de nouveau à ébullition. Baisser le feu à moyen-doux et laisser mijoter 8 minutes ou jusqu'à ce que le poulet soit cuit. À l'aide de pinces, le déposer dans une assiette.

2 Mettre les rotelle dans la casserole, monter le feu à vif et, en remuant fréquemment, les cuire 8 minutes ou jusqu'à quasi-tendreté. Entre-temps, couper le poulet en morceaux de la taille d'une bouchée.

3 Ajouter le poulet, les edamames et le jus de citron à la soupe et réchauffer. Saler et poivrer au goût. Déposer à la louche dans des bols chauds. Parsemer d'oignons verts et de basilic, et servir aussitôt.

Pour ce plat, j'emploie des rotelle de quinoa et de maïs. Leur consistance est idéale, sans compter qu'elles ont juste la bonne taille pour la cuiller à soupe.

Pour émincer le gingembre, pelez la peau à l'aide d'un économe puis tranchez-le finement. Disposez les tranches en éventail, coupez-les en travers en fines lanières puis émincez les lanières.

Pour hacher le basilic, empilez une poignée de feuilles sur la planche à découper et coupez-les en travers à l'aide d'un couteau affûté.

J'ai concocté ce plat au retour d'une visite au marché central d'Oaxaca. Poulet et légumes grillés, guacamole et romaine arrosée de sauce sont disposés sur la table de sorte que les convives assemblent leurs propres tacos.

Tacos farcis de poulet grillé, poivron et courgette

Huile d'olive, ¼ tasse, plus 1 c. à soupe

Paprika fumé, 4 c. à café

Cumin moulu, 1¼ c. à café

Graines de coriandre moulues, 1¼ c. à café

Demi-poitrines de poulet, désossées et sans la peau, 350 à 450 g (¾ à 1 lb), coupées en deux sur l'épaisseur

Sel casher et poivre fraîchement moulu

Courgettes fines et longues, 2, parées et coupées en quatre sur la longueur

Piments poblanos, 2, coupés en quatre sur la longueur et épépinés

Gros poivron rouge, 1, coupé en quatre sur la longueur et épépiné

Gros oignon rouge, 1, coupé en deux dans le sens de la tige puis en travers en tranches de 12 mm (½ po) d'épaisseur

Gros cœur de romaine, 1, tranché en travers

Coriandre fraîche, 3 c. à soupe, hachée

Jus de citron vert frais, 1 c. à café

Mayonnaise sans gluten, 1 c. à soupe

Guacamole (page 215)

Tortillas de maïs sans gluten, 8 à 12 (de 14 à 15 cm/5½ à 6 po de diamètre), réchauffées

4 PORTIONS

En tranchant le poulet dans l'épaisseur, vous augmentez sa surface de contact avec la marinade parfumée au cumin et aux graines de coriandre.

1 Dans un petit bol, mélanger 60 ml (¼ tasse) d'huile, le paprika, le cumin et les graines de coriandre. Déposer le poulet sur une petite plaque à pâtisserie et enduire ses deux faces du mélange. Saler et poivrer. Dans un grand bol, mélanger les courgettes, les poblanos, le poivron et l'oignon. Ajouter le reste de la préparation à l'huile et remuer. Saler et poivrer.

2 Préparer le barbecue pour la cuisson directe à feu vif. Entre-temps, dans un bol, mélanger la laitue, la dernière c. à soupe d'huile, la coriandre fraîche, le jus de citron vert et la mayonnaise, et remuer. Saler et poivrer au goût.

3 Disposer les légumes sur la grille, couvrir et cuire 6 minutes par face ou jusqu'à ce qu'ils soient dorés et tendres. Déposer dans une assiette. Déposer le poulet sur la grille, couvrir et griller 2½ minutes par face ou jusqu'à ce que la chair soit souple au toucher et à point. Couper le poulet et les légumes en fines lanières et disposer dans une assiette chaude. Servir avec la romaine, le guacamole et les tortillas, en suggérant aux convives de farcir les tortillas de poulet et de légumes, puis de guacamole et de laitue.

Personne ne se doutera que ce pain savoureux et tendre est exempt de gluten. Je le fais cuire dans une poêle en fonte que je pose directement sur la table, et le sers chaud avec du beurre. Tartiné de beurre d'arachide, il est idéal au petit-déjeuner, à midi ou au goûter. Je remplace parfois le sucre brun par 125 ml (½ tasse) de sirop d'érable, que j'incorpore aux ingrédients liquides.

Pain de maïs à la poêle

Semoule de maïs sans gluten, 150 g (1 tasse) (j'aime bien celle de Bob's Red Mill)

Mélange de farines sans gluten, 150 g (1 tasse) (j'aime bien celui de Cup4Cup)

Sucre brun, 75 g (⅓ tasse), bien tassé

Levure chimique, 2½ c. à café

Sel casher, 1 c. à café

Bicarbonate de soude, ½ c. à café

Gomme de xanthane, ¾ c. à café (facultatif)

Poivre noir fraîchement moulu

Ingrédients additionnels au goût tels que 120 g (4 oz) de cheddar extra-fort, 2 c. à café de piment jalapeño émincé ou 1 tasse (180 g/6 oz) de grains de maïs

Babeurre, 1 tasse

Gros œuf, 1

Beurre, 120 g (½ tasse), ou 6 c. à soupe d'huile d'olive

Sauge ou romarin frais, 1½ c. à soupe, émincé(e) (facultatif)

DONNE 1 GROS PAIN

Si vous employez le mélange de farines Cup4Cup, vous pouvez omettre la gomme de xanthane, liant essentiel à la plupart des pains et pâtisseries sans gluten.

Si désiré, multipliez par 1½ fois la quantité d'ingrédients de la recette et répartissez la pâte dans 4 petites poêles en fonte de 15 cm/6 po (telles qu'illustrées à gauche). Le temps de cuisson reste le même.

Préchauffer le four à 200 °C (400 °F). Réchauffer 10 minutes une poêle allant au four (de préférence en fonte) de 25 cm (10 po) de diamètre. Entre-temps, mélanger dans un grand bol la semoule de maïs, le mélange de farines, le sucre brun, la levure chimique, le sel, le bicarbonate de soude, la gomme de xanthane (omettre s'il s'agit du mélange de farines Cup4Cup) et une bonne quantité de poivre. Battre au fouet. Dans un petit bol, battre au fouet le babeurre et l'œuf.

En employant une poignée, sortir la poêle du four. Ajouter le beurre et, si désiré, les herbes et faire tourner la poêle jusqu'à ce que le beurre fonde et que les herbes grésillent. Verser dans la préparation au babeurre en ne laissant dans la poêle que ce qu'il faut de beurre pour couvrir le fond. Battre la préparation au fouet et ajouter aux ingrédients secs. Remuer à l'aide d'une cuiller en bois juste ce qu'il faut pour mélanger. Déposer la pâte à la cuiller dans la poêle, en l'étalant pour couvrir le fond.

En employant une poignée, remettre la poêle dans le four. Laisser cuire 20 minutes ou jusqu'à ce que le pain soit doré et souple sous le doigt au centre. Laisser refroidir au moins 10 minutes. Servir chaud ou à température ambiante.

Fleurant bon le cumin, les piments verts et la marjolaine
— herbe trop souvent négligée à mon sens —, ce plat
consistant et crémeux à souhait convient tant pour
un repas en semaine que pour une petite fête entre amis.

Chili de dinde et de haricots

Huile d'olive, 1 c. à soupe

Gros oignon jaune, 1, haché finement

Gros poivron rouge, 1, haché

Grosse gousse d'ail, 1, émincée
(facultatif)

Flocons de piment rouge, ½ c. à café

Cumin moulu, 2 c. à café

Chair brune de dinde hachée, 450 g (1 lb)

Sel casher et poivre noir fraîchement moulu

Haricots cannellini, 2 boîtes
(540 ml/18 oz liq. chacune), égouttés,
liquide réservé

Bouillon de poulet sans gluten, 250 ml
(1 tasse)

Piments verts en dés, 2 boîtes
(120 g/4 oz chacun)

Crème épaisse, 80 ml (⅓ tasse)

Marjolaine séchée, 1 c. à café

Coriandre fraîche, hachée
grossièrement, pour garnir

Garnitures au choix, telles qu'oignon
rouge haché finement, jalapeño rouge
émincé, avocat pelé en dés

4 À 6 PORTIONS

Pour préparer une
tartinade rapide, écrasez
les restes de condiments.
J'en garnis des craquelins
de riz que je sers au goûter
ou comme hors-d'œuvre.

J'accompagne toujours ce
plat de pain de maïs à la
poêle (page 139),
mais les tortillas de maïs
font tout aussi bien
l'affaire.

1   Dans une grande casserole épaisse, chauffer l'huile à feu moyen-vif. Faire
sauter l'oignon, le poivron, l'ail, si désiré, et les flocons de piment 8 minutes
ou jusqu'à ce que l'oignon soit translucide. Ajouter le cumin et cuire en
remuant 30 secondes ou jusqu'à ce qu'il libère son arôme. Ajouter la dinde,
saler et poivrer légèrement. En défaisant la chair à la cuiller, cuire 4 minutes
ou jusqu'à ce qu'elle perde sa couleur rosée.

2   Ajouter dans la casserole les haricots et 165 ml (⅔ tasse) de leur liquide,
le bouillon, les piments verts, la crème et la marjolaine. Porter à ébullition,
en remuant fréquemment. Baisser le feu et, en remuant à l'occasion, laisser
mijoter 15 minutes ; au besoin, étendre avec le liquide des haricots.

3   Goûter et rectifier l'assaisonnement. Déposer à la cuiller dans des bols
chauds et parsemer de coriandre fraîche. Servir aussitôt avec les bols de
garnitures.

Cette sauce savoureuse est exempte de gluten. De son côté, le quinoa absorbe à merveille les jus. J'aime bien préparer aussi le poulet et le poisson de cette manière et les garnir de sauce aux morceaux bien croquants.

Escalopes de dinde, olives vertes et citron

Olives vertes farcies de pimento, 120 g (¾ tasse), hachées

Persil plat frais, 10 g (¼ tasse), émincé

Zeste de citron finement râpé, 1½ c. à café

Sel casher et poivre fraîchement moulu

Escalopes de dinde, 675 g (1½ lb)

Paprika doux, 1½ c. à café

Cumin moulu, 1½ c. à café

Huile d'olive, 2 c. à soupe, plus au besoin

Oignon rouge, 120 g (¾ tasse), émincé

Flocons de piment rouge (facultatif)

Jus de citron frais, 60 ml (¼ tasse)

Bouillon de poulet sans gluten, 180 ml (¾ tasse)

Huile d'olive extra-vierge, 2 c. à soupe

Quinoa cuit (page 74)

4 PORTIONS

La cuisson de la dinde à feu moyen plutôt qu'à feu moyen-vif permet d'obtenir une chair tendre sans nécessiter un enrobage de farine.

1 Dans un petit bol, mélanger les olives, le persil et le zeste de citron. Saler et poivrer légèrement la dinde sur les deux faces, puis saupoudrer de paprika et de cumin.

2 Dans une grande poêle, chauffer 1 c. à soupe d'huile à feu moyen. Faire sauter la dinde en deux ou trois fois, 1 à 3 minutes par face, selon son épaisseur, ou jusqu'à ce qu'elle soit dorée et tout juste cuite ; ajouter de l'huile au besoin. Déposer la dinde sur une assiette chaude et la couvrir d'une tente en papier aluminium.

3 Dans la même poêle, chauffer 1 c. à soupe d'huile à feu moyen. Faire sauter 1 minute l'oignon et une pincée de flocons de piment, si désiré. Ajouter le jus de citron et porter à ébullition, en raclant le fond de la poêle pour en détacher toutes les particules. Ajouter le mélange aux olives et le bouillon. Faire bouillir 2 minutes ou jusqu'à ce que le liquide soit sirupeux. Incorporer le jus de cuisson qui s'est déposé dans l'assiette de la dinde et les 2 c. à soupe d'huile d'olive extra-vierge. Saler et poivrer au goût.

4 Répartir le quinoa dans 4 assiettes chaudes et couvrir de dinde. Napper de sauce aux olives et de jus de cuisson, et servir aussitôt.

Ce plat fait honneur à la menthe, abondante dans notre jardin au début de l'été. Je la réduis en purée avec des amandes grillées et de l'huile d'olive, et en fais une sauce qui convient aussi pour le poisson et l'agneau.

Escalopes de poulet, carottes et pesto à la menthe

Huile d'olive extra-vierge, 2 c. à soupe

Sel casher et poivre noir fraîchement moulu

Escalopes de poitrine de poulet, 350 g (¾ lb)

Échalote, 1, émincée

Flocons de piment rouge

Carottes, 2, râpées, 180 g (environ 2¼ tasses)

Jus de citron, 2 c. à café

Pesto à la menthe (page 214)

Eau chaude, au besoin

Feuilles de menthe fraîche, ciselées, en garniture

2 PORTIONS

Si vous manquez de temps, optez pour les carottes râpées en sachet.

Comme le pesto se conserve bien au réfrigérateur, préparez-en en surplus afin d'en disposer ultérieurement.

1 Dans une grande poêle antiadhésive, chauffer 1 c. à soupe d'huile. Saler et poivrer le poulet et faire sauter dans la poêle 2 à 3 minutes par face ou jusqu'à ce qu'il soit cuit à point. Déposer dans une assiette chaude.

2 Ajouter la dernière c. à soupe d'huile dans la poêle, puis l'échalote et une pincée de flocons de piment. Faire sauter 1 minute ou jusqu'à ce que l'échalote commence à ramollir. Ajouter les carottes, saler et poivrer, et faire sauter 2 à 3 minutes ou jusqu'à ce qu'elles soient légèrement croustillantes. Incorporer le jus de citron et le jus de cuisson qui s'est déposé dans l'assiette du poulet. Goûter et rectifier l'assaisonnement.

3 Répartir les carottes dans 2 assiettes chaudes. Couvrir de poulet. Si désiré, étendre le pesto d'un peu d'eau chaude, puis le déposer à la cuiller sur le poulet, parsemer de menthe ciselée et servir aussitôt.

Ce plat épicé et aromatisé à la citronnelle et à la coriandre fraîche s'inspire de la cuisine vietnamienne, que nous apprécions beaucoup. Accompagnez-le de haricots verts arrosés d'un filet d'huile de sésame.

Poulet grillé à la citronnelle et riz au gingembre

Échalote, 2 c. à soupe, émincée

Tamari sans gluten, 2 c. à soupe

Sucre, 1½ c. à soupe

Sauce de poisson asiatique, 1½ c. à soupe

Tige de citronnelle, 1 grosse ou 2 fines, pelée(s) et émincée(s), ou 2 c. à café de zeste de citron râpé

Huile végétale, 1 c. à soupe

Sauce de piment asiatique, ½ c. à café (telle que sambal œlek ou sriracha)

Sel casher, ½ c. à café

Cuisses de poulet désossées et sans la peau, 675 g (1½ lb), le gras enlevé

RIZ AU GINGEMBRE

Gingembre frais, 1½ c. à soupe, émincé

Sel casher, ⅛ c. à café

Riz basmati ou jasmin complet, 210 g (1 tasse)

Tamari sans gluten, 2 c. à café

Oignons verts hachés en garniture

4 PORTIONS

1 Dans un bol, mélanger l'échalote, les 2 c. à soupe de tamari, le sucre, la sauce de poisson, la citronnelle, l'huile, la sauce de piment et le sel. Ajouter le poulet et remuer. Laisser mariner le temps de préparer le riz.

2 Dans une petite casserole, porter à ébullition 1½ tasse (375 ml) d'eau, le gingembre et le sel. Ajouter le riz et porter de nouveau à ébullition. Baisser le feu à doux, couvrir et cuire 30 minutes. Éteindre le feu et laisser reposer au moins 5 minutes. Aérer le riz à la fourchette puis incorporer le tamari.

3 Entre-temps, préparer le barbecue pour la cuisson directe à feu vif. Retirer le poulet de la marinade, le mettre sur le grille, couvrir et cuire 6 minutes par face, ou jusqu'à ce que la chair soit souple au toucher et à point.

4 Répartir le riz dans 4 assiettes chaudes. Couvrir de poulet, parsemer d'oignons verts et servir aussitôt.

Faites preuve de vigilance quand vous achetez du tamari, certains produits renfermant du blé. Par contre, la sauce de poisson asiatique est généralement exempte de gluten.

Pour émincer la citronnelle, retirez-en les couches externes, qui révéleront un cœur tendre. Tranchez finement en travers puis hachez. Employez un couteau lourd, cette plante étant particulièrement fibreuse.

Je double généralement les quantités de poulet, riz et légumes. Le lendemain, je transforme les restes en salade de riz.

Viande

C'est un vrai plaisir
de consommer un plat de
bœuf, d'agneau ou de porc en
semaine. Autant que possible,
j'achète ma viande chez un
boucher qui s'approvisionne
auprès de petits éleveurs,
histoire de m'assurer de
sa saveur et du fait qu'elle
provient d'animaux élevés
sans cruauté.

Ce qu'il faut savoir sur la viande

Coupes minces et techniques astucieuses facilitent grandement la préparation de plats de viande en semaine. Comme je vise une alimentation saine, je choisis des coupes maigres et limite mes portions. La viande est ainsi mise en valeur par les légumes du marché, qui inspirent principalement ma cuisine.

Choisir ses viandes

J'opte généralement pour le bœuf nourri à l'herbe plutôt qu'à la moulée de maïs, sa chair étant plus nutritive. Quant aux coupes d'agneau maigres, elles permettent de varier le menu et offrent une expérience gustative renouvelée. Autant que possible, je me procure le jeune agneau élevé au pâturage, la saveur de sa chair étant aussi douce que fraîche. Le porc constitue aussi un bon choix santé. Comme pour toutes mes viandes, je privilégie celle qui provient d'animaux élevés sans cruauté ; c'est sûrement mieux pour l'environnement et cela se traduit par une meilleure saveur.

Pour la cuisine de tous les jours, je choisis des coupes parées et économiques : la pointe de surlonge pour les sautés et la bavette ou le bifteck de hampe pour les grillades. J'apprécie aussi la coquille d'aloyau ; plus dispendieuse, elle possède néanmoins une telle saveur et un tel moelleux qu'elle en vaut la dépense. De toute façon, je limite les portions. Même chose pour le filet de bœuf, dont la tendreté et la rapidité de cuisson sont une véritable bénédiction pour celles et ceux qui cuisinent en semaine.

Quant au gigot d'agneau désossé, il est délicieux grillé et se cuit rapidement. J'aime aussi préparer des burgers avec de l'agneau haché, histoire de sortir de l'ordinaire.

Le filet de porc est excellent rôti tandis que les côtelettes sautées ou grillées valent bien le bifteck tout en étant meilleur marché. Je prélève aussi des côtelettes désossées ou des escalopes dans le surlonge et les coupe en lanières pour les faire sauter. Enfin, j'ai toujours sous la main de la pancetta, variante non fumée du bacon et charcuterie classique de la cuisine italienne. Il en faut très peu pour conférer de la saveur et de la profondeur aux plats.

Opter pour les viandes de qualité

Je vous conseille de faire affaire avec une boucherie ou un supermarché réputé pour ses viandes de qualité et son service à la clientèle. On trouve dans de nombreux marchés de la viande de bœuf, d'agneau et de porc de qualité, souvent offerte par les éleveurs eux-mêmes.

Saucisses : la vigilance s'impose

Certains fabricants emploient du pain ou d'autres agents de remplissage à base de blé dans la préparation de leurs saucisses. Lisez les étiquettes ou informez-vous auprès du boucher afin de vous assurer que celles que vous achetez soient exemptes de gluten.

Préparation et cuisson des viandes

Je ne sers de la viande que quelques fois par mois et quand je le fais, j'opte pour la meilleure qualité possible. Pour assurer une cuisson homogène, je la porte à la température ambiante avant de la cuire. Je la sors donc du frigo dès que je rentre du travail. Les coupes minces sont prêtes à cuire en 30 minutes.

Préparation et cuisson des viandes

Les coupes de viande sont généralement parées de leur gras, quoique pas toujours. La présence d'un peu de gras contribue à préserver leur moelleux durant la cuisson ; il suffit de l'enlever à l'aide d'un couteau affûté au moment de servir.

Je retire le gras de la viande d'agneau nourri au grain ou provenant d'animaux plus âgés, sa saveur rappelant trop à mon goût celle du gibier.

Pour parer le filet de porc, insérez la pointe d'un couteau à lame fine entre la chair et la membrane qui la revêt, à l'extrémité la plus mince. Tournez le tranchant légèrement vers le haut de sorte qu'il appuie contre la membrane et coupez-la sur sa longueur. Le porc qu'on trouve aujourd'hui dans le commerce peut être consommé mi-saignant sans risque. Trop cuit, il est sec.

Congeler partiellement la viande crue

La congélation partielle de la viande crue permet d'obtenir des tranches plus fines. Mettez-la 30 minutes au congélateur et tranchez-la avec un couteau bien affûté.

Trancher la viande cuite

Tranchez perpendiculairement aux fibres les coupes plus coriaces, comme la bavette, le bifteck de hampe ou le gigot d'agneau. La viande sera ainsi plus tendre.

Réussir ses rôtis

En semaine, je préfère faire rôtir mes viandes. Cette technique, exigeant peu de travail, me libère pour la préparation des autres plats. Pensez à laisser vos viandes rôties reposer quelques minutes avant de les trancher. Entre-temps, vous pourrez préparer une sauce rapide avec le gras de cuisson.

Réussir ses grillades

Pour vos grillades, prévoyez un espace sans charbon de bois dans le barbecue. À cet endroit, la grille sera moins chaude ; vous pourrez y déposer les aliments qui se sont enflammés, chose courante quand la graisse ou une marinade à base d'huile entre en contact avec les flammes. Si vous utilisez un barbecue au gaz, préchauffez-le à couvert 10 à 15 minutes avant de mettre les aliments à griller.

Réussir ses sautés

Je fais sauter ou poêler ma viande à feu vif de manière à obtenir une surface caramélisée qui contraste agréablement avec la chair tendre et rosée du centre. Réchauffez bien votre poêle avant d'y mettre à cuire la viande (elle est prête quand il s'en dégage une mince volute de fumée) et pensez à allumer votre hotte pour évacuer les odeurs.

Quand j'ai changé mon alimentation, je ne voulais pas me priver de porc mu shu, un de mes plats chinois préférés. J'ai donc créé cette variante simple et polyvalente qui me permet aussi de remplacer le porc par du poulet.

Porc mu shu

Côtelettes de porc désossées, 225 g (½ lb), le gras enlevé

Tamari sans gluten, 3 c. à soupe

Xérès ou vermouth sec, 1 c. à soupe

Fécule de maïs, 1 c. à café

Gingembre frais, 1 c. à café, plus 1 c. à soupe, émincé

Sauce hoisin sans gluten, 2 c. à soupe

Huile de sésame grillé, 2 c. à café

Huile végétale, 3 c. à soupe

Gros œufs, 2

Sel casher et poivre noir fraîchement moulu

Oignons verts, 1 botte, parties blanches et vert pâle finement tranchées

Flocons de piment rouge, ¼ c. à café

Chou râpé, 1 sachet, 450 g (1 lb)

Tortillas sans gluten, 8 (14 à 15 cm/5½ à 6 po de diamètre), réchauffées

4 PORTIONS

1 Couper le porc en fines lanières en travers de la fibre. Dans un bol, mélanger le porc, 1 c. à soupe de tamari, le xérès, la fécule de maïs et 1 c. à café de gingembre. Dans un petit bol, mélanger la sauce hoisin, 1 c. à soupe de tamari, 1 c. à café d'huile de sésame et 1 c. à soupe d'eau. Réserver.

2 Dans une poêle antiadhésive de 30 cm (12 po), chauffer 1 c. à soupe d'huile végétale à feu moyen-vif. Battre les œufs avec une pincée de sel, verser dans la poêle, laisser gonfler 30 secondes et remuer environ 30 secondes, juste le temps qu'ils prennent ; déposer dans une assiette. Remettre la poêle sur le feu, ajouter 1 c. à soupe d'huile végétale et cuire la préparation au porc environ 3 minutes ou jusqu'à ce que la viande soit à point. Ajouter aux œufs dans l'assiette.

3 Remettre la poêle sur le feu et ajouter la dernière c. à soupe d'huile végétale, les oignons verts, les flocons de piment et la dernière c. à soupe de gingembre. Cuire en remuant 30 secondes ou jusqu'à ce que les ingrédients libèrent leur arôme. Ajouter le chou ; saler, poivrer, et remuer. Ajouter 2 c. à soupe d'eau, couvrir et faire ramollir le chou environ 2 minutes. Ajouter la préparation aux œufs et au porc, ainsi que le jus accumulé dans l'assiette, la dernière c. à soupe de tamari et la dernière c. à café d'huile de sésame ; réchauffer en remuant. Déposer dans une assiette ou un bol peu profond chaud. Servir aussitôt avec la préparation à la sauce hoisin, qu'on tartinera sur les tortillas avant de les farcir de porc.

Pour remplacer les crêpes mandarin, je préfère aux tortillas ordinaires les tortillas de maïs sans gluten avec graines de lin Smart and Delicious de La Tortilla Factory, leur saveur se rapprochant plus de celle du blé.

Pour réchauffer les tortillas, enveloppez-les dans des essuie-tout à peine humides puis dans une pellicule plastique, mettez-les dans une assiette et passez-les 1 minute au micro-ondes réglé à haute intensité.

J'ai concocté ce plat un soir d'hiver où les hurlements du vent encerclaient la maison. La cuisson du filet de bœuf est tellement rapide qu'il me faut moins de 30 minutes pour préparer et cuire un ragoût.

Ragoût de bœuf, carottes, edamames à l'aneth et au citron

Pour rehausser le goût d'une sauce que je n'ai pas eu le temps de laisser mijoter durant des heures, j'ajoute du tamari sans gluten, qui lui conférera la saveur umami.

Je sers volontiers mes ragoûts avec de la Purée de pommes de terre (page 214) ou des pâtes rotelle sans gluten assaisonnées d'huile d'olive, de sel et de poivre.

Huile d'olive, 2 c. à soupe

Sel casher et poivre fraîchement moulu

Filet de bœuf, 450 g (1 lb), coupé en cubes de 2,5 cm (1 po)

Oignon rouge, 1 gros, coupé en morceaux de 2,5 cm (1 po)

Carottes, 225 g (½ lb), pelées, coupées en deux sur la longueur, puis en travers en morceaux de 4 cm (1½ po).

Cumin moulu, 1 c. à café

Paprika doux, 1 c. à café

Mélange de farines sans gluten, 1 c. à soupe (J'aime bien celui de Cup4Cup)

Bouillon de bœuf sans gluten, à faible teneur en sodium, 625 ml (2½ tasses)

Pâte de tomate, 1 c. à soupe

Tamari sans gluten, 1 c. à soupe

Edamames, environ 120 g (¾ tasse), écossées et prêtes à consommer

Aneth frais, 15 g (⅓ tasse), émincé

Zeste de citron, 1 c. à café, râpé

4 PORTIONS

1 Dans une poêle antiadhésive de 30 cm (12 po), chauffer 1 c. à soupe d'huile à feu moyen-vif. Saler et poivrer légèrement le bœuf et le cuire 6 minutes ou jusqu'à ce qu'il soit doré sur toutes ses faces. À l'aide de pinces, le déposer dans une assiette.

2 Chauffer la dernière c. à soupe d'huile dans la poêle. Ajouter l'oignon et les carottes ; saler et poivrer légèrement. Faire sauter 5 minutes ou jusqu'à ce que les légumes soient légèrement dorés. Ajouter le cumin et le paprika, et sauter 30 secondes ou jusqu'à ce qu'ils libèrent leur arôme. Ajouter le mélange de farines et cuire 30 secondes en remuant. Incorporer graduellement le bouillon, la pâte de tomate et le tamari.

3 Couvrir et laisser mijoter 8 minutes ou jusqu'à ce que les carottes soient légèrement croquantes. Remettre le bœuf dans la poêle, ajouter les edamames et réchauffer environ 3 minutes. Incorporer l'aneth et le zeste de citron. Saler et poivrer au goût, et servir aussitôt.

Bavette juteuse, petites pommes de terre croustillantes et salade croquante tirent toutes profit de cette sauce polyvalente au cumin, à l'échalote et au citron, qui accompagne aussi à merveille le poulet et le poisson.

Bifteck grillé, petites pommes de terre et salade aux herbes

Graines de cumin et de coriandre, 2¼ c. à café de chaque

Bavette, 750 g (1½ lb)

Huile d'olive extra-vierge, 125 ml (½ tasse), plus au besoin

Sel casher et poivre noir fraîchement moulu

Échalote, 3 c. à soupe, émincée

Jus de citron frais, 3 c. à soupe

Coriandre fraîche ou persil plat, 10 g (¼ tasse), émincé(e)

Paprika doux, 2 c. à café

Piment de Cayenne, ¼ c. à café

Petites pommes de terre, 675 g (1¼ lb), coupées en deux sur la longueur et partiellement cuites

Petites verdures pour salade, 120 g (environ 4 tasses)

Mélange d'herbes fraîches, telles que coriandre, persil plat et basilic, 15 g (⅓ tasse)

4 PORTIONS

1   Dans une petite poêle, griller les graines de coriandre et de cumin à feu moyen 1 minute ou jusqu'à ce qu'elles commencent à libérer leur arôme et à dorer ; secouer souvent la poêle. Moudre grossièrement les graines dans un mortier. Déposer le bifteck sur une plaque à pâtisserie et enduire ses deux faces d'huile d'olive. Parsemer de la moitié des graines, puis saler et poivrer généreusement.

2   Dans un bol, mélanger ½ tasse (125 ml) d'huile d'olive, l'échalote, le jus de citron, la coriandre émincée, le paprika, le piment de Cayenne et le reste de graines moulues. Saler et poivrer au goût. Dans un autre bol, mélanger les pommes de terre avec 1 c. à soupe d'huile ; saler et poivrer au goût.

3   Préparer le barbecue pour la cuisson directe à feu vif. Déposer le bifteck sur la grille, de même que les pommes de terre, face coupée dessous. Cuire environ 5 minutes par face pour une viande mi-saignante. Griller les pommes de terre environ 5 minutes ou jusqu'à ce que leur face coupée soit dorée. Laisser reposer le bifteck 5 minutes sur une planche à découper.

4   Mélanger les verdures, les herbes et 2 à 3 c. à soupe de sauce, et bien remuer. Saler et poivrer au goût. Trancher la viande finement en travers de la fibre et disposer dans des assiettes avec les pommes de terre et la salade. Servir aussitôt, avec le reste de sauce en saucière.

Faites d'abord cuire les pommes de terre 10 minutes dans l'eau bouillante. Ainsi, elles mettront le même temps à griller que la viande.

Pour cette salade, j'aime particulièrement le mélange de persil, coriandre et basilic.

Ce burger juteux est garni de salade grecque. Le quinoa parfumé à la menthe absorbe les saveurs aussi bien qu'un petit pain. Je le prépare avec du fromage féta de brebis, dont la saveur est d'une grande fraîcheur.

Burgers d'agneau avec salade grecque à la menthe

Quinoa, 500 g (1 tasse)

Sel casher, 1 c. à café, plus au besoin

Grosses tomates italiennes, 300 g (10 oz), coupées en deux, épépinées et coupées en petits dés

Concombre libanais, 1, coupé en petits dés

Féta, 3 c. à soupe, coupé en petits dés

Oignon rouge, 75 g (½ tasse), plus 2 c. à soupe, haché finement

Menthe fraîche, 20 g (½ tasse), hachée

Poivre fraîchement moulu

Agneau haché, 625 g (1¼ lb)

Paprika doux, 1½ c. à café

Huile d'olive extra-vierge, 1 c. à soupe, plus au besoin

4 PORTIONS

Avec le pouce, faites un petit creux au centre des galettes. Ainsi, elles resteront plates durant la cuisson plutôt que de se gonfler et prendre la forme d'une balle de tennis.

1 Rincer et égoutter le quinoa 4 fois puis le mettre dans une casserole avec 375 ml (1½ tasse) d'eau et une pincée de sel ; porter à ébullition. Baisser le feu à doux, couvrir et laisser mijoter 15 minutes ou jusqu'à absorption complète de l'eau. Éteindre le feu et laisser reposer 5 minutes.

2 Dans un petit bol, mélanger les tomates, le concombre, le fromage, 2 c. à soupe d'oignon et 2 c. à soupe de menthe. Saler et poivrer au goût.

3 Dans un bol, mélanger l'agneau haché, le paprika, 75 g (½ tasse) d'oignon, 10 g (¼ tasse) de menthe et 1 c. à café de sel ; donner quelques tours de moulin à poivre et remuer délicatement. Former 4 galettes de 12 mm (½ po) d'épaisseur. Avec le pouce, faire un petit creux au centre de chaque galette. Saler et poivrer. Chauffer une grande poêle à feu moyen-vif et enduire le fond d'huile. Cuire les galettes au degré de cuisson désiré, soit environ 3 minutes par face pour une viande mi-saignante.

4 Aérer le quinoa à la fourchette. Mélanger 1 c. à soupe d'huile et les 2 dernières c. à soupe de menthe. Répartir le quinoa dans 4 assiettes chaudes et couvrir des galettes. Garnir de préparation aux tomates et servir aussitôt.

J'aime bien préparer un risotto tandis que mon mari et moi discutons de notre journée de travail. Comme cette variante comprend des légumes et de la viande, elle constitue un repas en soi.

Risotto saucisse-bette à carde

Bouillon de poulet sans gluten à faible teneur en sodium, 1 L (4 tasses)

Huile d'olive, 1 c. à soupe

Oignon jaune, 1, haché

Saucisse italienne sans gluten, 225 g (½ lb), de préférence piquante, boyaux ôtés

Romarin frais, 1 c. à café, émincé

Riz arborio, 420 g (1½ tasse)

Vermouth sec ou vin blanc sec, 125 ml (½ tasse)

Bette à carde, 1 botte, tiges ôtées, feuilles tranchées finement

Parmesan, 60 g (½ tasse) râpé finement

Sel casher et poivre fraîchement moulu

4 PORTIONS

1 Dans une casserole, porter à faible ébullition le bouillon et 250 ml (1 tasse) d'eau. Baisser le feu à doux et réserver au chaud.

2 Chauffer l'huile à feu moyen-vif dans une casserole épaisse. En remuant fréquemment, cuire l'oignon 4 minutes ou jusqu'à ce qu'il soit presque translucide. Ajouter la saucisse et le romarin, et cuire, en défaisant la viande à la fourchette, 4 minutes ou jusqu'à ce qu'elle ait perdu sa couleur rosée. Ajouter le riz et cuire, en remuant, 1 minute ou jusqu'à ce qu'il soit opaque. Ajouter le vermouth et cuire 1 minute ou jusqu'à absorption complète.

3 Verser environ 185 ml (¾ tasse) de bouillon dans la poêle et régler le feu de sorte que le liquide bouillonne et ne soit absorbé que tout doucement. Cuire en remuant jusqu'à absorption complète. En ajoutant 185 ml (¾ tasse) de bouillon à la fois et en remuant fréquemment, poursuivre la cuisson 15 minutes ou jusqu'à ce que le riz soit presque cuit mais encore un peu ferme. Ajouter la bette à carde. En ajoutant 125 ml (½ tasse) de bouillon à la fois et en remuant sans cesse, poursuivre la cuisson 5 minutes ou jusqu'à ce que le riz soit cuit mais légèrement ferme au centre et que la préparation soit crémeuse.

4 Retirer le risotto du feu. Incorporer le fromage. Saler et poivrer au goût. Déposer le risotto à la cuiller dans des bols et servir aussitôt.

Vous pouvez employer de la saucisse de porc ou de dinde pour la confection de ce plat polyvalent. Assurez-vous toutefois qu'elle ne renferme pas d'agent de remplissage à base de blé.

Pour ce plat, j'opte de préférence pour la bette à carde à tiges blanches, la variété à tiges rouges colorant le riz en rose.

J'apprécie encore plus la pomme de terre depuis que j'ai renoncé au gluten. Elle m'apporte la même satisfaction que le pain et les pâtes de blé de jadis. Une de mes manières préférées de préparer les Yukon Gold consiste à les cuire rapidement à la vapeur puis à les écraser avec une cuiller et à les mélanger avec des herbes fraîches ou des oignons verts, un peu d'huile d'olive et du bouillon.

Écrasé de pommes de terre aux herbes

Pommes de terre Yukon Gold, 675 g (1½ lb), avec leur peau, coupées en morceaux de 12 à 20 mm (½ à ¾ po)

Huile d'olive extra-vierge, 3 c. à soupe

Bouillon de poulet sans gluten, environ 125 ml (½ tasse)

Herbes fraîches ou oignons verts, 2 à 4 c. à soupe, émincés

Sel casher et poivre noir fraîchement moulu

4 PORTIONS

Cuire les pommes de terre à la vapeur 15 à 18 minutes ou jusqu'à ce qu'elles soient très tendres.

Chauffer l'huile à feu doux dans une grosse poêle antiadhésive. Y déposer les pommes de terre. À l'aide d'une cuiller en bois, les écraser grossièrement en ajoutant un peu de bouillon au besoin. Incorporer les herbes. Saler et poivrer au goût, et servir aussitôt.

Modifiez les ingrédients en fonction du plat que les pommes de terre accompagneront:

Le basilic se marie bien avec les plats italiens ou méditerranéens.

La coriandre va bien avec les plats d'Amérique latine ou orientaux.

L'aneth s'entend avec la moutarde, les olives, les câpres, le poisson, les fruits de mer et la volaille.

Herbes universelles, le persil plat et la ciboulette confèrent de la saveur à n'importe quel plat.

Le romarin se conjugue bien avec le bifteck et le poulet (jetez-en dans l'huile de la poêle avant d'écraser les pommes de terre).

Les oignons verts aromatisent à merveille les pommes de terre.

La pomme de terre joue un rôle important dans une alimentation sans gluten. Dans ce plat, elle est parfumée au romarin et accompagne de fines tranches de bifteck garnies de tomates fraîches à peine réchauffées.

Bifteck poêlé, pommes de terre au romarin, relish de tomate

Sel casher et poivre fraîchement moulu

Biftecks de coquille d'aloyau, 2
(360 g/12 oz chacun)

Romarin frais émincé, 1½ c. à soupe

Huile d'olive extra-vierge, 1½ c. à soupe, plus au besoin

Tomates cerises ou italiennes,
360 g (12 oz), coupées en deux ou en dés

Basilic frais, 15 g (⅓ tasse), émincé

Oignon rouge, 3 c. à soupe, émincé

Vinaigre balsamique, 1½ c. à café

Écrasé de pommes de terre aux herbes
(page 165), comprenant 2 c. à soupe de romarin

4 PORTIONS

Votre plat aura plus de saveur si vous remplacez les tomates italiennes par 675 g (1½ lb) de tomates de variété ancienne pas tout à fait mûres.

1 Dans une assiette, saler et poivrer généreusement les biftecks. Assaisonner les deux faces de romarin en appuyant avec la main pour le faire adhérer. Enduire d'huile d'olive. Réserver.

2 Dans un petit bol, mélanger les tomates, le basilic, l'oignon, le vinaigre et 1½ c. à soupe d'huile. Saler et poivrer au goût.

3 Chauffer une grande poêle épaisse à feu vif. Cuire les biftecks au degré de cuisson désiré, soit 3 ou 4 minutes par face pour une viande mi-saignante. Les réserver sur une planche à découper. Dans la poêle, réchauffer la préparation aux tomates environ 1 minute, en raclant les particules de viande adhérant au fond.

4 Trancher les biftecks en travers de la fibre et répartir dans 4 assiettes chaudes. Couvrir de relish de tomate, disposer l'écrasé de pommes de terre à côté et servir aussitôt.

Pour l'écrasé, je fais généralement cuire les pommes de terre à la vapeur tandis que je prépare la relish. Je les écrase ensuite et les garde au chaud dans une poêle couverte pendant que je fais cuire la viande.

La viande tendre qui compose ce plat cuira en quelques minutes dans sa sauce crémeuse et épicée. On ajoute les herbes fraîches et le citron vert au moment de servir. Crevettes ou poisson peuvent remplacer la viande.

Cari de bœuf et brocoli à la thaïlandaise

Le filet est une coupe tendre qu'on n'utilise dans ce plat qu'en petite quantité. Toutefois, vous pouvez le remplacer par du haut de surlonge, une coupe plus économique, à la condition de le couper en tranches très fines de sorte qu'il soit moins coriace.

Comme le lait de coco épaissit en bouillant, il peut remplacer avantageusement la farine dans les sauces.

Fleurettes de brocoli, 350 g (¾ lb) coupées en morceaux de 4 cm (1½ po)

Huile végétale, 1 c. à soupe

Sel casher et poivre fraîchement moulu

Filet de bœuf, 350 g (¾ lb), paré, coupé en tranches fines en travers de la fibre

Grosses échalotes, 2, tranchées

Gingembre frais, 3 c. à soupe, émincé

Pâte de cari rouge thaïlandaise, 1 c. à soupe

Lait de coco, 1 boîte (environ 400 ml/14 oz liq.), bien remué

Sucre brun, 1 c. à soupe

Sauce de poisson asiatique, 1 c. à soupe

Riz jasmin ou basmati entier (page 214)

Feuilles fraîches de basilic, 15 g (⅓ tasse), hachées

Quartiers de citron vert, en garniture

4 PORTIONS

1 Mettre le brocoli et 2 c. à soupe d'eau dans un bol allant au micro-ondes. Couvrir et cuire à haute intensité 3 à 4 minutes, ou jusqu'à ce que le brocoli soit légèrement croustillant.

2 Chauffer l'huile à feu moyen-vif dans une grande poêle antiadhésive. Saler et poivrer légèrement les tranches de bœuf. Les cuire, quelques-unes à la fois (ne pas surcharger la poêle), 1 minute par face ou jusqu'à ce qu'elles commencent à dorer. Déposer dans une assiette. Ajouter les échalotes et le gingembre et cuire jusqu'à ce qu'ils libèrent leur arôme, environ 1 minute. Ajouter la pâte de cari et remuer 2 minutes. Ajouter le lait de coco, le sucre brun et la sauce de poisson, et laisser mijoter 2 minutes ou jusqu'à ce que la sauce épaississe ; racler le fond pour en détacher toutes les particules. Ajouter le brocoli et le bœuf, et réchauffer.

3 Aérer le riz à la fourchette et répartir dans 4 bols chauds. Garnir de préparation au bœuf. Parsemer de basilic et servir avec les quartiers de citron vert.

Sous le gril, le gigot d'agneau désossé ne demande que 8 minutes de cuisson par face. Les pois chiches, qui sont ici agrémentés de carottes et de radicchio, absorberont encore mieux les sucs que le pain croûté.

Agneau et sauté de pois chiches, carottes et radicchio

Échalotes, 2, émincées

Zeste de citron, 2 c. à soupe, râpé

Romarin frais, 1 c. à soupe, émincé

Gigot d'agneau désossé, 560 à 675 g (1¼ à 1½ lb), presque tout le gras enlevé

Huile d'olive, 2 c. à soupe, plus au besoin

Sel casher et poivre fraîchement moulu

Carottes, 4, coupées en deux sur la longueur et tranchées

Pois chiches, 1 boîte (540 ml/18 oz liq.), rincés et égouttés

Radicchio, 1 tête, coupée en quatre, trognon ôté, tranchée

Vermouth sec ou vin blanc sec, 80 ml (⅓ tasse)

Bouillon de poulet sans gluten, 80 ml (⅓ tasse)

Jus de citron frais, 1 c. à soupe

4 PORTIONS

J'ai découvert que les pois chiches biologiques étaient plus tendres que les autres. J'en garde toujours quelques boîtes dans le garde-manger pour la préparation de soupes, ragoûts ou houmous.

À défaut de lèchefrite, employez une grille posée sur une plaque à pâtisserie à rebord.

1 Placer la grille du four de sorte que la viande soit à 10 cm (4 po) de l'élément chauffant et préchauffer le gril. Entre-temps, dans un petit bol, mélanger 3 c. à soupe d'échalotes, le zeste de citron et le romarin. Déposer le gigot dans une lèchefrite et l'enduire d'huile ; saler et poivrer généreusement. Frotter 1½ c. à soupe de la préparation à l'échalote sur toutes ses faces. Griller 8 minutes par face ou jusqu'à ce qu'un thermomètre inséré dans la partie la plus épaisse indique plus ou moins 55 °C (135 °F) pour une viande mi-saignante. Déposer sur une assiette chaude et couvrir de papier aluminium en formant une tente. Réserver la lèchefrite et son jus.

2 Dans une grande poêle, chauffer 2 c. à soupe d'huile à feu moyen. Faire ramollir le reste d'échalotes et les carottes environ 3 minutes. Ajouter les pois chiches et sauter 3 minutes. Ajouter le radicchio et le reste de préparation à l'échalote, et faire ramollir le radicchio environ 2 minutes.

3 Mettre à chauffer à feu moyen la lèchefrite sans son couvercle. Ajouter le vermouth et porter à ébullition, en raclant les particules adhérant au fond. Ajouter le bouillon et laisser mijoter 3 minutes ou jusqu'à quasi-absorption. Incorporer le jus de citron et le jus de viande qui s'est déposé dans l'assiette. Saler et poivrer au goût. Trancher la viande finement en travers de la fibre et servir aussitôt avec la préparation aux pois chiches.

Moitié minestrone gorgée de légumes et moitié ragoût de pâtes et de haricots, ce plat robuste est tout indiqué pour les soirées froides. Optez pour de la saucisse douce ou épicée, et ajoutez le basilic juste au moment de servir.

Ragoût de pâtes, saucisse et courgette

Huile d'olive extra-vierge, 2 c. à soupe, plus au besoin

Saucisse de porc ou de dinde à l'italienne sans gluten, 350 à 450 g (¾ à 1 lb), boyaux ôtés

Gros oignon jaune, 1, finement haché

Ail, 2 gousses, émincées

Romarin frais, 2 c. à café, émincé

Bouillon de poulet sans gluten à faible teneur en sodium, 1,5 L (6 tasses), plus au besoin

Haricots cannellini, 2 boîtes (540 ml/18 oz liq.), rincés et égouttés

Tomates rôties sur le feu, 1 boîte (398 ml/14 oz liq.)

Petites pâtes sans gluten, telles que coudes ou coquilles, 105 g (1 tasse)

Courgettes, 2 (environ 225 g/½ lb), parées et coupées en cubes de 12 mm (½ po)

Sel casher et poivre fraîchement moulu

Feuilles fraîches de basilic, 20 g (¾ tasse), hachées

4 PORTIONS

En cuisant dans le ragoût, les pâtes contribuent à épaissir le bouillon. Cependant, comme les pâtes sans gluten ont tendance à s'agglutiner, veillez à remuer fréquemment la préparation.

1 Chauffer l'huile à feu moyen dans une grande casserole. Faire dorer la chair à saucisse environ 5 minutes. Ajouter l'oignon, l'ail et le romarin, et sauter 5 minutes ou jusqu'à ce que l'oignon soit translucide. Ajouter le 1,5 L (6 tasses) de bouillon, les haricots et les tomates avec leur jus, et porter à ébullition en raclant le fond pour détacher toutes les particules de viande. Baisser le feu et laisser mijoter 15 minutes.

2 Ajouter les pâtes et les courgettes. Monter le feu à vif et porter à ébullition, en remuant fréquemment. Couvrir, baisser le feu à moyen-doux et, en remuant à l'occasion, laisser mijoter 10 minutes ou jusqu'à ce que les pâtes soient tendres. Saler et poivrer au goût. Si désiré, étendre avec du bouillon.

3 Déposer la soupe à la louche dans 4 bols chauds. Arroser d'un filet d'huile d'olive, parsemer généreusement de basilic et servir.

C'est généralement le pain qui donne du liant au pain de viande. Dans cette variante, je l'ai remplacé par des croustilles de maïs émiettées, qui lui confèrent du moelleux et accentuent les saveurs du Sud-Ouest.

Pains de viande individuels au piment vert

Huile d'olive

Bœuf haché (de préférence maigre à 85 %), 675 g (1½ lb)

Gros œufs, 2

Piments verts en dés, 1 boîte (120 g/½ tasse)

Tomates rôties sur le feu en dés, en boîte, 120 g (½ tasse)

Oignon jaune, 60 g (½ tasse), en dés

Piment chipotle séché et moulu, 1 c. à café

Sel casher, 1 c. à café

Poivre noir fraîchement moulu

Croustilles de maïs sans gluten, environ 105 g (3½ oz) (J'aime bien celles de la marque Food Should Taste Good.)

4 À 6 PORTIONS

Pour réduire le temps de cuisson, je divise la préparation en quatre portions individuelles. Comme ils sont plutôt gros, vous aurez probablement des restes pour le lendemain.

1 Préchauffer le four à 230 °C (450 °F). Huiler une plaque à pâtisserie à rebord. Dans un grand bol, mélanger le bœuf haché, les œufs, les piments verts, les tomates et leur jus, l'oignon, le chipotle et le sel ; donner quelques tours de poivre noir. Moudre finement les croustilles de maïs au robot culinaire. En ajouter une tasse à la préparation de bœuf haché et bien mélanger.

2 Diviser la préparation en quatre et former sur la plaque des ovales de 2 à 2,5 cm (¾ à 1 po) de haut. Cuire 25 minutes ou jusqu'à ce qu'un thermomètre à lecture instantanée indique plus ou moins 70 °C (160 °F). Laisser les pains de viande reposer 5 minutes avant de les servir.

Pour apprêter les restes, enveloppez des tranches dans des feuilles de romaine ou des tortillas de maïs et garnissez d'une cuillerée de la sauce crémeuse au citron vert qui accompagne les tacos de poisson (page 84).

Inspiré du *pho* vietnamien, ce plat à base de bouillon parfumé, de nouilles de riz, de fines tranches de bifteck et d'herbes fraîches constitue un repas en soi. Je le sers — ou une variante au poulet — deux ou trois fois par mois.

Soupe bœuf et nouilles à la vietnamienne

Huile végétale, 1 c. à soupe

Oignon jaune, 1, haché grossièrement

Gingembre frais, 3 c. à soupe, émincé

Bouillon de bœuf sans gluten à faible teneur en sodium, 2 L (8 tasses)

Sauce de poisson asiatique, 2 c. à soupe

Sucre, 1 c. à soupe

Anis étoilé, 10

Clous de girofle, 6

Nouilles de riz pad thaï, 240 à 300 g (8 à 10 oz)

Piments thaïlandais, 6, ou 1 piment serrano, finement tranchés, avec les graines

Haricots germés, tiges de basilic frais et quartiers de citron vert en garniture

Bifteck de coquille d'aloyau, 225 à 350 g (½ à ¾ lb), partiellement congelé (voir page 152)

Oignons verts, 3, tranchés finement

Coriandre fraîche hachée, 15 g (⅓ tasse)

Poivre noir fraîchement moulu

4 PORTIONS

Optez pour des nouilles de 2 mm (1/16 po) de large ayant la forme des linguine. Elles augmenteront de taille en cuisant.

Il est plus facile d'obtenir des tranches fines quand on congèle partiellement le bifteck au préalable. Elles cuiront rapidement au contact du bouillon chaud.

1 Chauffer l'huile à feu moyen dans une grande casserole. Faire sauter l'oignon et le gingembre 5 minutes ou jusqu'à ce que l'oignon soit translucide. Ajouter le bouillon, 500 ml (2 tasses) d'eau, la sauce de poisson et le sucre. Mettre l'anis étoilé et les clous de girofle dans un infuseur à thé ou les envelopper dans de la gaze et les ajouter à la casserole. Porter à ébullition. Baisser le feu et laisser mijoter 30 minutes.

2 Entre-temps, préparer les accompagnements : dans un grand bol à l'épreuve du feu, couvrir les nouilles d'eau bouillante et les laisser ramollir 8 minutes. Disposer les piments, les haricots germés, les tiges de basilic et les quartiers de citron vert sur une assiette ou dans de petits bols déposés sur la table. Couper le bifteck en deux sur la longueur et enlever le gras. Le trancher le plus finement possible en travers de la fibre.

3 Au moment de servir, retirer les épices du bouillon, ajouter les nouilles et laisser mijoter 2 minutes. À l'aide de pinces, répartir les nouilles dans 4 grands bols chauds. Couvrir d'une seule couche de bifteck. Arroser la viande de bouillon à la louche. Parsemer d'oignons verts et de coriandre, et poivrer. Servir aussitôt en laissant les convives ajouter piments, haricots germés, herbes et jus de citron vert à leur goût.

Pour servir ce plat à la coréenne, déposer du riz sur une feuille de laitue (on peut farcir cette variante sans gluten du roulé d'une foule d'aliments) et garnissez d'un peu de viande et de salade de chou. Repliez et consommez comme un taco.

Bouts de côtes grillés à la coréenne, salade de chou à l'orientale

Le temps de marinade recommandé dans cette recette suffit amplement; cependant, la viande y gagnera en saveur si vous la laisser mariner jusqu'au lendemain.

Demandez au boucher de couper les bouts de côtes en travers des os de manière à obtenir des tranches de 9 à 12 mm (⅓ à ½ po) d'épaisseur.

Tamari sans gluten, 160 ml (⅔ tasse)

Oignons verts, 8, hachés

Sucre brun, 6 c. à soupe

Vinaigre de riz, 60 ml (¼ tasse)

Huile de sésame grillé, 3 c. à soupe

Échalote, 2 c. à soupe, émincée

Gingembre frais, 2 c. à soupe, émincé

Pâte de piment asiatique telle que sambal œlek, ½ c. à café

Bouts de côtes, façon coréenne, 1,3 kg (3 lb)

Salade de chou à l'orientale (page 215)

Riz entier à grain court, cuit

Laitue à feuilles rouges (facultatif)

4 PORTIONS

1. Dans un plat en verre allant au four, mélanger le tamari, la moitié des oignons verts, le sucre brun, le vinaigre, l'huile de sésame, l'échalote, le gingembre et la pâte de piment. Bien remuer. Ajouter la viande et la retourner. Laisser mariner à température ambiante le temps de préparer la salade de chou et le riz (ou couvrir et laisser mariner toute la nuit au réfrigérateur).

2. Préparer le barbecue pour la cuisson directe à feu vif. Retirer la viande de la marinade et la déposer sur la grille. Griller au degré de cuisson souhaité, soit 3 minutes par face pour une viande mi-saignante. Déposer dans une assiette. Parsemer du reste d'oignons verts et servir aussitôt avec la salade de chou, le riz et les feuilles de laitue, si désiré.

L'été dernier, nous avons reçu deux étudiants chinois qui ont préféré les nouilles à tout ce que j'ai cuisiné d'autre durant leur séjour de trois semaines. Nous avons concocté ce plat ensemble à l'occasion d'un souper de fête.

Nouilles à l'arachide et au bœuf grillé à la chinoise

Haut de surlonge de bœuf désossé, 350 g (¾ lb), paré, coupé en deux sur la longueur et partiellement congelé (voir page 152)

Tamari sans gluten, 5 c. à soupe

Sucre, 1¾ c. à café

Oignons verts, 4, émincés

Huile de sésame grillé, 1½ c. à café, plus 2 c. à soupe

Sel casher et poivre fraîchement moulu

Beurre d'arachide crémeux à l'ancienne, 120 g (⅓ tasse)

Gingembre frais, 2 c. à soupe, émincé

Vinaigre balsamique, 2 c. à soupe

Flocons de piment rouge, ½ c. à café

Spaghetti sans gluten, 300 g (10 oz) (J'aime bien la marque Schär)

Gros poivron rouge, 1, coupé en deux sur la longueur et épépiné, puis coupé en deux en travers et tranché finement

Huile végétale, 1 c. à soupe

Coriandre fraîche, ¼ tasse, hachée

4 PORTIONS

1   Couper le bœuf en travers de la fibre en tranches de 6 mm (¼ po). Dans un bol, mélanger 2 c. à soupe de tamari et ¾ c. à café de sucre, et remuer pour dissoudre. Mélanger la moitié des oignons verts, 1½ c. à café d'huile de sésame et une bonne quantité de poivre noir. Ajouter le bœuf et remuer. Réserver.

2   Dans un robot culinaire, mélanger le beurre d'arachide, le gingembre, le vinaigre, les flocons de piment, les 3 dernières c. à soupe de tamari, le reste d'oignons verts, 1 c. à soupe d'huile de sésame et 1 c. à café de sucre. Ajouter 60 ml (¼ tasse) d'eau chaude et réduire en sauce.

3   Dans une grande marmite remplie d'eau bouillante salée, cuire les spaghetti al dente, environ 8 minutes, en remuant fréquemment. Égoutter, rincer brièvement sous l'eau froide et égoutter de nouveau. Déposer dans un bol chaud. Ajouter la dernière c. à soupe d'huile de sésame et remuer. Incorporer le poivron rouge et la sauce au goût. Bien remuer, puis saler et poivrer au goût.

4   Dans une grande poêle épaisse, chauffer l'huile végétale à feu vif. En procédant en 2 ou 3 fois, griller le bœuf en une seule couche, environ 20 secondes par face. Sur une planche à découper, couper les tranches en deux sur la longueur. Répartir les nouilles dans 4 bols, couvrir de bœuf, parsemer de coriandre et servir.

Dans ce plat, pois gourmands ou mange-tout peuvent remplacer le poivron. Coupez-en 225 g (½ lb) en fines lanières sur la longueur et ajoutez-les aux pâtes 3 minutes avant la fin de la cuisson.

Vous pouvez aussi remplacer le bœuf par du poulet. D'une manière ou d'une autre, c'est un plat idéal pour les repas-partages, histoire de vous assurer de disposer d'au moins un plat sans gluten.

Prêt en quelques minutes, ce plat est tout indiqué pour les journées chargées ou pour un pique-nique. Vous trouverez des charcuteries artisanales dans les grandes épiceries ou au marché. Servez avec de la socca tendre (page 26) ou des craquelins sans gluten.

Charcuteries, fromages et salade fenouil-pomme

Moutarde de Dijon sans gluten, 1 c. à soupe

Jus de citron frais, 1 c. à soupe

Huile d'olive extra-vierge, 3 c. à soupe

Menthe fraîche, 2 c. à soupe, émincée

Graines de fenouil, ¼ c. à café

Sel casher et poivre fraîchement moulu

Gros bulbe de fenouil, 1

Grosse pomme Jonathan ou Pippin, 1

Petites feuilles de roquette, 60 g (2 tasses)

Fines tranches de charcuteries, telles que salami, prosciutto et pancetta, 180 à 240 g (6 à 8 oz)

Assortiment de fromages, 180 g (6 oz) en tout

Tomates cerises

Olives

4 PORTIONS

Assurez-vous que votre salami soit exempt de gluten; selon la marque, il pourrait renfermer des agents de remplissage à base de blé.

1 Dans un petit bol, mélanger la moutarde et le jus de citron. Incorporer graduellement l'huile d'olive au fouet. Ajouter la menthe et les graines de fenouil. Saler et poivrer au goût.

2 Parer le bulbe de fenouil, puis le couper en quatre sur la longueur. Ôter le trognon et couper le bulbe en travers en tranches fines. Déposer dans un bol. Couper la pomme en quartiers, ôter le cœur, la couper en tranches fines et l'ajouter au fenouil. Arroser de sauce et remuer. Assaisonner au goût.

3 Mettre la roquette sur une assiette et déposer la salade de fenouil-pomme au centre. Disposer les charcuteries, les fromages, les tomates et les olives tout autour et servir aussitôt.

Petite, on me servait à mon anniversaire du rôti de porc aromatisé aux herbes fraîches et à l'ail. J'ai modifié la recette de ma mère: j'ajoute du zeste d'orange à la marinade sèche et j'opte pour le filet, de cuisson plus rapide.

Porc rôti aux herbes et patates douces

J'accompagne souvent ce plat de brocoli rôti: coupez les fleurettes en morceaux de 2,5 à 5 cm (1 à 2 po), arrosez-les d'huile d'olive, salez, poivrez et faites-les rôtir dans une lèchefrite en même temps que le porc et les patates douces.

Épaissie avec de la moutarde de Dijon et un peu de farine sans gluten, la sauce acquiert une consistance soyeuse qui ne laisse nullement deviner qu'il pourrait manquer un ingrédient. Utilisez cette technique pour vos rôtis ou vos sautés.

Huile d'olive, 3 c. à soupe, plus au besoin

Filets de porc, 2 (375 g/¾ lb chacun)

Sel casher et poivre fraîchement moulu

Sauge et romarin frais, 5 c. à soupe, émincés

Zeste d'orange, 2 c. à soupe, râpé

Ail, 1 c. à soupe, émincé

Patates douces, 575 à 675 g (1¼ à 1½ lb), coupées en deux sur la longueur puis en quartiers de 2,5 cm (1 po)

Vermouth sec ou vin blanc sec, 80 ml (⅓ tasse)

Mélange de farines sans gluten, 1½ c. à café (J'aime bien celui de marque Cup4Cup)

Bouillon de poulet sans gluten, 185 ml (¾ tasse)

Moutarde de Dijon sans gluten, 1½ c. à café

4 PORTIONS

1   Préchauffer le four à 230 °C (450 °F). Enduire d'huile une grande plaque à pâtisserie à rebord, déposer le porc au centre et enduire ses deux faces d'huile; saler et poivrer légèrement. Dans un bol, mélanger les herbes, le zeste et l'ail; saupoudrer 10 g (¼ tasse) de cette préparation sur les deux faces du porc.

2   Dans un bol, mélanger les patates douces et 2 c. à soupe d'huile; saler et poivrer au goût. Ajouter 2 c. à soupe du mélange d'herbes, remuer et disposer autour du porc. Rôtir 25 minutes ou jusqu'à ce qu'un thermomètre à lecture instantané indique plus ou moins 65 °C (150 °F) et que les patates soient tendres. Déposer le porc et les patates dans une assiette.

3   Verser le vermouth dans la plaque à pâtisserie et porter à ébullition à feu moyen, en raclant toutes les particules attachées au fond. Dans une petite casserole épaisse, chauffer à feu moyen la dernière c. à soupe d'huile. Ajouter le reste du mélange d'herbes et faire sauter 30 secondes ou jusqu'à ce qu'elles libèrent leur arôme. Ajouter les sucs de cuisson de la plaque et laisser mijoter 30 secondes ou jusqu'à réduction de moitié. Ajouter le mélange de farines et remuer 30 secondes. Incorporer graduellement le bouillon au fouet et porter à ébullition sans cesser de battre. Incorporer la moutarde et cuire 1 minute ou jusqu'à ce que la sauce ait légèrement épaissi. Assaisonner au goût. Incorporer le liquide qui s'est déposé dans l'assiette. Trancher le porc et servir avec les patates et la sauce.

Composé de fines tranches de bifteck grillé au barbecue et d'une salade de concombres rafraîchissante et épicée, ce plat convient à merveille pour une chaude soirée d'été. Accompagnez-le de riz jasmin ou basmati.

Bifteck grillé, salade au concombre et à l'arachide

Bifteck de hampe ou de pointe de surlonge, ou bavette, 450 à 575 g (1 à 1¼ lb)

Sauce de poisson asiatique, 2½ c. à soupe

Échalote, 3 c. à soupe, émincée

Huile de sésame grillé, 1 c. à soupe

Tamari sans gluten, 1 c. à soupe

Sucre, 2¼ c. à café

Poivre noir fraîchement moulu

Jus de citron vert frais, 60 ml (¼ tasse)

Pâte de piment asiatique telle que sambal œlek, ¼ c. à café

Concombres libanais 450 g (1 lb), parés et coupés en deux sur la longueur

Oignon rouge, 60 g (⅓ tasse), tranché finement

Coriandre fraîche, 3 c. à soupe, hachée

Arachides salées et rôties, 3 c. à soupe, hachées grossièrement

4 PORTIONS

1 Déposer le bœuf dans un plat en verre allant au four. Dans un petit bol, mélanger 1 c. à soupe de sauce de poisson, 2 c. à soupe d'échalote, l'huile de sésame, le tamari, ¾ c. à café de sucre et une bonne quantité de poivre noir. Verser la préparation sur la viande et retourner celle-ci pour bien l'enrober.

2 Dans un autre petit bol, mélanger le jus de citron vert, la pâte de piment, la dernière 1½ c. à soupe de sauce de poisson, 1 c. à soupe d'échalote et 1½ c. à café de sucre. Couper les moitiés de concombres en diagonale en tranches d'environ 1 cm (⅓ po) d'épaisseur. Déposer dans un bol moyen. Ajouter l'oignon et la coriandre.

3 Préparer le barbecue pour la cuisson directe à feu vif. Griller le bifteck environ 2½ minutes par face pour une viande mi-saignante. Laisser reposer le bifteck 5 minutes sur une planche à découper.

4 Entre-temps, ajouter au concombre 4 c. à soupe du mélange au citron vert et bien remuer. Disposer sur une assiette.

5 Trancher le bœuf finement en travers de la fibre et à un angle prononcé, et en couvrir le concombre. Arroser du reste de mélange au citron vert. Parsemer d'arachides et servir aussitôt.

Les trois coupes de viande à considérer pour ce plat sont le bifteck de hampe, le bifteck de pointe de surlonge et la bavette. Elles sont plutôt coriaces mais y gagnent en saveur quand on les cuit rapidement à feu vif. C'est une excellente solution pour les repas en semaine. Les escalopes de poulet donneront d'aussi bons résultats.

Ce plat s'inspire du sandwich grillé au jambon et cheddar que nous servions le midi à Weston (Vermont) quand j'ai fait mes débuts en cuisine. Dans cette variante, les tortillas de maïs grillées remplacent le pain.

Quesadillas farcies de saucisse et poivron, salade épinard-pomme

Jus de citron vert frais, 1 c. à soupe

Paprika doux, ⅛ c. à café

Huile d'olive, 3 c. à soupe, plus au besoin

Oignon vert, 2 c. à soupe, émincé

Coriandre fraîche, 2 c. à soupe, émincée

Sucre, 2 pincées

Sel casher et poivre fraîchement moulu

Jeunes épinards, 125 g (environ 4 tasses), légèrement tassés

Pomme à peau rouge, 1, coupée en quartiers, cœur ôté, tranchée finement

Andouille sans gluten, 90 à 120 g (3 à 4 oz), coupée en deux sur la longueur et tranchée finement en travers

Gros poivron rouge, ½, épépiné et haché finement

Tortillas de maïs sans gluten, 6 (14 à 15 cm/5½ à 6 po de diamètre)

Cheddar extra-fort ou manchego râpé grossièrement, environ 90 g (1½ tasse), tassé légèrement

2 PORTIONS ; DOUBLER AU BESOIN

1 Dans un petit bol, battre au fouet le jus de citron vert, le paprika et 3 c. à soupe d'huile. Incorporer l'oignon, la coriandre et le sucre. Saler et poivrer au goût. Dans un saladier, mélanger les épinards et la pomme.

2 Enduire d'huile d'olive le fond d'une grosse poêle antiadhésive et chauffer à feu moyen-vif. Faire dorer la saucisse environ 2 minutes. Déposer dans un petit bol. Faire dorer le poivron rouge environ 5 minutes. Déposer dans un autre petit bol.

3 Chauffer une plaque chauffante ou une grande poêle à feu moyen-doux. Enduire d'huile d'olive. Faire ramollir légèrement 2 tortillas, environ 30 secondes. Retourner, saupoudrer 2 c. à soupe de fromage sur une moitié de chaque tortilla en ménageant un bord. Garnir de 1 c. à soupe de saucisse et 1 c. à soupe de poivron rouge. Saupoudrer de 2 c. à soupe de fromage. Replier les tortillas et presser avec la main. Cuire 2 à 3 minutes par face ou jusqu'à ce que les tortillas soient dorées et croustillantes. Déposer dans des assiettes chaudes. Répéter avec le reste des tortillas, en ajoutant de l'huile au besoin.

4 Arroser la salade de vinaigrette et bien remuer. Servir aussitôt avec les quesadillas.

Si vous doublez la recette, réservez le premier lot de quesadillas dans le four réglé à la température la plus basse.

J'aime bien garnir des tortillas légèrement grillées de divers aliments, comme ce bifteck épicé et ces piments. On peut aussi faire griller le bifteck ou le remplacer par de la poitrine de poulet ou du porc désossé.

Tacos au bifteck et rajas

Pour faire griller une tortilla, mettez-la directement au-dessus d'un brûleur au gaz ou dans une poêle chaude. Comptez quelques secondes de cuisson par face ou le temps qu'il faut pour qu'elle libère son arôme et commence à dorer. Quand j'en ai beaucoup à griller, je fonctionne avec deux brûleurs et les mets à mesure dans un plat conçu pour les garder au chaud ou je les enveloppe de papier aluminium.

Le *rajas* est une préparation mexicaine traditionnelle à base de piments poblanos et de crème.

Graines de coriandre écrasées, 1 c. à soupe, ou 2 c. à café de graines moulues

Cumin, 1 c. à café, moulu

Poudre de piment ancho, 1 c. à café

Bifteck de hampe, environ 675 g (1½ lb), coupé en travers en morceaux de 7 à 10 cm (3 à 4 po)

Sel casher et poivre fraîchement moulu

Huile d'olive, 2½ c. à soupe

Gros poivrons rouges, 2, coupés sur la longueur et en travers, puis tranchés finement

Piments poblanos, 2, coupés sur la longueur et en travers, puis tranchés finement

Gros oignon rouge, 1, coupé en deux et tranché finement

Crème épaisse ou bouillon de bœuf sans gluten, 60 ml (¼ tasse)

Coriandre fraîche, 10 g (¼ tasse), émincée

Gros avocat, 1, tranché

Tortillas de maïs sans gluten, 8 à 12 (14 à 15 cm/5½ à 6 po de diamètre), réchauffées

4 PORTIONS

1 Dans un petit bol, mélanger les graines de coriandre, le cumin et la poudre de piment. Saupoudrer les deux faces du bifteck de la moitié du mélange d'épices. Saler et poivrer généreusement.

2 Dans une grosse poêle antiadhésive, chauffer 1½ c. à soupe d'huile à feu moyen-vif. Ajouter les poivrons rouges, les piments poblanos et l'oignon. Saler et poivrer légèrement, et faire sauter 8 minutes ou jusqu'à ce que les légumes soient presque tendres. Déposer dans un grand bol.

3 Dans la poêle, chauffer la dernière c. à soupe d'huile à feu moyen-vif. Cuire le bifteck 3 à 4 minutes par face pour une viande mi-saignante. Déposer le bifteck sur une planche à découper. Remettre la poêle sur le feu et ajouter la préparation aux légumes, la crème et le reste du mélange d'épices. Réchauffer en remuant et en raclant les particules de viande attachées au fond. Saler et poivrer au goût.

4 Disposer les légumes sur une moitié d'une assiette chaude. Couper le bifteck en travers de la fibre et disposer les tranches sur l'autre moitié de l'assiette. Parsemer le tout de coriandre fraîche. Servir avec l'avocat tranché et les tortillas, en laissant les convives assembler leurs propres tacos.

La vinaigrette au miel et à la moutarde confère de la saveur à la viande et à la salade. À l'inverse de la laitue, qui doit être servie aussitôt qu'elle est arrosée de sauce, le chou frisé gagne à être préparé à l'avance.

Côtelettes de porc sautées, salade de chou frisé

Vinaigre de cidre, 60 ml (¼ tasse)

Moutarde de Dijon sans gluten, 1 c. à soupe, plus 1 c. à café

Miel, 1 c. à soupe, plus 1 c. à café

Huile d'olive, 125 ml (½ tasse), plus 3 c. à soupe

Sel casher et poivre fraîchement moulu

Chou frisé à feuilles vert foncé, 120 g (4 tasses), finement tranché (1 grosse botte d'environ 14 tiges, côtes centrales ôtées)

Pomme verte acidulée, telle que Pippin, 1, coupée en julienne

Côtelettes de porc, 4, d'environ 3 cm (1¼ po) d'épaisseur

Thym frais, 4 c. à café, émincé

Marjolaine séchée, 2 c. à café, émiettée

Échalote, 2 c. à soupe, émincée

Vermouth blanc sec, 125 ml (½ tasse)

4 PORTIONS

1 Dans un petit bol, mélanger le vinaigre, la moutarde et le miel. Incorporer graduellement 125 ml (½ tasse) plus 2 c. à soupe d'huile. Saler et poivrer au goût. Dans un grand bol, mélanger le chou frisé et la pomme. Arroser de 80 ml (⅓ tasse) de sauce et bien remuer. Saler et poivrer au goût. Laisser reposer 10 minutes avant de servir.

2 Saler et poivrer légèrement les côtelettes sur les deux faces, puis parsemer de thym et de marjolaine.

3 Dans une grande poêle, chauffer la dernière c. à soupe d'huile. Faire sauter les côtelettes 1 à 2 minutes par face ou jusqu'à ce qu'elles soient légèrement dorées. Baisser le feu à moyen-doux, couvrir et cuire 3 ou 4 minutes par face ou jusqu'à ce que la viande soit ferme au toucher sans être dure et qu'un thermomètre instantané indique 65 °C (145 °F). Disposer le chou sur une assiette et couvrir des côtelettes. Laisser reposer.

4 Jeter le gras de la poêle en en conservant 1 c. à soupe. Régler le feu à moyen et faire sauter l'échalote 30 secondes ou jusqu'à ce qu'elle libère son arôme. Ajouter le vermouth et porter à ébullition, en en raclant toutes les particules de viande attachées au fond. Retirer du feu et verser le reste de sauce. Saler et poivrer au goût, puis napper les côtelettes de sauce et servir.

Pour couper le chou frisé, empilez les feuilles et tranchez-les en travers à l'aide d'un couteau bien affûté.

Ne jetez pas vos restes de salade; vous découvrirez avec étonnement que celle-ci est tout aussi bonne le lendemain.

La patate douce est un féculent sans gluten particulièrement sain. Je la fais cuire au four ou la sers en purée (p. 214), comme c'est le cas dans ce plat.

Ce plat aux délicieuses saveurs orientales vous revigorera à l'issue d'une journée stressante. Exemptes de gluten, les nouilles de haricots mungo possèdent une agréable consistance tendre et absorbent bien les saveurs.

Nouilles garnies de porc, shiitakes et oignons verts

Nouilles de haricots mungo, 1 sachet (150 à 180 g/5 à 6 oz)

Porc haché, 450 g (1 lb)

Oignons verts, 2 bottes, tranchés finement

Tamari sans gluten, 60 ml (¼ tasse), plus 1 c. à soupe

Huile de sésame grillé, 4 c. à café

Huile végétale, 2 c. à soupe

Gingembre frais, 2 c. à soupe, émincé

Gousses d'ail, 2, émincées

Champignons shiitake, 225 g (½ lb), pieds ôtés, coupés en dés

Pâte de piment asiatique telle que sambal œlek, 1 c. à café

Bouillon de poulet sans gluten ou eau, 160 ml (⅔ tasse)

Sel casher et poivre fraîchement moulu

Coriandre fraîche hachée

4 PORTIONS

Les nouilles de haricots mungo sont aussi vendues sous le nom de nouilles cellophane ou nouilles saifun. Vous les trouverez au rayon des produits asiatiques de votre supermarché ou dans les épiceries orientales.

1 Dans un grand bol à l'épreuve du feu, verser 1,5 L d'eau bouillante (6 tasses) sur les nouilles et les laisser tremper 10 à 15 minutes ou jusqu'à ce qu'elles soient légèrement élastiques. Égoutter. À l'aide de ciseaux de cuisine, les couper en 4 sections.

2 Dans un bol, mélanger le porc haché, la moitié des oignons verts, 1 c. à soupe de tamari et 2 c. à café d'huile de sésame, et remuer délicatement.

3 Dans une grande poêle antiadhésive, chauffer l'huile végétale à feu moyen-vif. Faire sauter le gingembre et l'ail 30 secondes ou jusqu'à ce qu'ils libèrent leur arôme. Ajouter les champignons et, en remuant, cuire 2 minutes ou jusqu'à ce qu'ils commencent à ramollir. Ajouter la préparation à la viande et cuire 2 minutes ou jusqu'à ce que la viande ait perdu sa couleur rosée. Jeter le gras. En remuant, ajouter 60 ml (¼ tasse) de tamari, 2 c. à café d'huile de sésame, la pâte de piment et les nouilles, et cuire 1 minute. Ajouter le bouillon et le reste des oignons verts ; en remuant fréquemment, cuire 3 minutes ou jusqu'à quasi-absorption du liquide. Saler et poivrer.

4 Répartir la préparation dans 4 assiettes chaudes. Parsemer de coriandre et servir aussitôt.

Desserts

Quand j'ai envie de sucré, je me tourne vers les fruits de saison. Naturellement exempts de gluten, faciles à préparer et offerts en un vaste choix, ils conviennent parfaitement à mon mode de vie actif.

Des fruits au dessert

En semaine, les fruits frais constituent un excellent dessert. Ma mère nous en servait toujours en abondance le soir après souper: fraises au printemps, baies et fruits à noyau l'été, raisins, pommes et poires l'automne, tangerines et oranges l'hiver. Voici mes préparations préférées.

Printemps

Mélangez du gingembre confit haché et du sucre brun avec du yogourt à la grecque. Garnissez de cerises et d'amandes légèrement grillées.

Faites sauter des quartiers d'abricot avec du beurre, du sucre et de la muscade jusqu'à tendreté. Servir sur du yogourt glacé à la vanille ou de la crème glacée.

Mélangez des tranches de fraises avec un peu de sucre et de menthe fraîche. Servir avec un sorbet au citron.

Été

Couvrez des tranches de pêche de crème fouettée aromatisée au sucre brun, au rhum et à la vanille.

Coupez des melons brodés ou des melons miel en morceaux de la grosseur d'une bouchée. Parsemez de menthe fraîche et arrosez d'un filet de porto ou de marsala.

Coupez des prunes en tranches fines. Grattez, ôtez les graines d'une gousse de vanille et parsemez-en les prunes. Ajoutez du sucre et remuez. Garnir de yogourt à la grecque ou glacé.

Automne

Servez des quartiers de poires mûres avec du Saint-André et des noisettes grillées.

Faites sauter des tranches de pomme avec du beurre, du sucre brun et de la cannelle jusqu'à ce qu'elles soient tendres et glacées ; déposez à la cuiller sur du yogourt glacé à la vanille.

Coupez des figues mûres en deux et disposez les moitiés sur des assiettes. Garnissez de yogourt à la grecque ou de mascarpone mélangé avec du miel et du zeste d'orange. Parsemez de noix grillées hachées.

Hiver

Arrosez des tranches d'orange d'un filet de miel, saupoudrez de cannelle et parsemez d'amandes légèrement grillées.

Mélangez de l'ananas haché avec du sucre brun et du rhum. Déposez à la cuiller sur du yogourt à la grecque ou glacé.

Mélangez des morceaux de mangue, de kiwi et de banane avec du zeste de citron vert râpé. Servez avec un sorbet à la mangue.

Le rôtissage des prunes et autres fruits à noyau contribue à intensifier leur saveur et à en extraire le jus. Dans ce plat, le gingembre confit apporte une note épicée au sirop qui nappe les fruits.

Prunes rôties au gingembre

Prunes fraîches, 4, coupées en deux et dénoyautées (J'aime bien les Santa Rosa)

Gingembre confit, 2 c. à soupe, haché finement

Sucre, 1 c. à soupe

Yogourt à la grecque ou Crème fouettée sucrée (page 215)

4 PORTIONS

Je sers aussi le sirop au gingembre avec des framboises ou des fraises dont je garnis du yogourt à la grecque.

1 Préchauffer le four à 200 °C (400 °F). Déposer les prunes, face coupée dessous, sur une petite plaque à pâtisserie à rebord. Rôtir 10 minutes ou jusqu'à ce qu'elles soient tendres et qu'elles commencent à dégorger.

2 Entre-temps, dans une petite casserole chauffée à feu moyen, mélanger le gingembre, le sucre et 2 c. à soupe d'eau, et porter à faible ébullition. Cuire 5 minutes ou jusqu'à ce que le liquide soit légèrement sirupeux.

3 Répartir les prunes chaudes dans 4 petits bols. Arroser d'un filet de sirop au gingembre, garnir d'une bonne cuillerée de yogourt ou de crème fouettée, et servir.

Cette compote infusée dans du porto épicé est tout indiquée pour une froide soirée d'hiver, quand vous avez envie d'une petite douceur, ou pour servir en dessert à des invités qui s'annoncent à la dernière minute.

Fruits séchés infusés dans le porto

Mélange de fruits séchés, tels que canneberges, figues et abricots, 360 g (2 tasses)

Grains de poivre noir, 1 c. à café

Porto, 250 ml (1 tasse)

Sucre, 150 g (⅔ tasse)

Bâtons de cannelle, 2

Yogourt à la grecque ou Crème fouettée sucrée (page 215)

4 À 6 PORTIONS

1 Couper les gros fruits en morceaux de la taille d'une bouchée. Enfermer les grains de poivre dans une boule à infuser et déposer dans une casserole. Ajouter le porto, le sucre et les bâtons de cannelle, et porter à faible ébullition, en remuant à l'occasion. Ajouter les fruits séchés et laisser mijoter 5 minutes. Retirer du feu, couvrir et laisser reposer au moins 30 minutes.

2 Au moment de servir, retirer les grains de poivre et les bâtons de cannelle. Répartir dans des bols, garnir d'une bonne cuillerée de yogourt ou de crème fouettée, et servir.

Mettez les fruits à cuire au moment de commencer la préparation du repas et laissez-les reposer tandis que vous mangez. La compote sera prête à temps pour le dessert.

Comme je garde toujours en réserve des bananes et de la noix de coco séchée, je prépare ce plat quand j'ai envie d'une gâterie spéciale. N'omettez pas la pincée de sel dans la sauce: elle contribue à faire ressortir les saveurs.

Bananes caramélisées à la noix de coco et au rhum

Ne pelez les bananes qu'au moment de vous en servir, à défaut de quoi elles noirciront au contact de l'air.

Noix de coco séchée et hachée, 35 g (⅓ tasse)

Beurre non salé, 2 c. à soupe

Sucre brun doré, 105 g (½ tasse), tassé

Rhum brun ou eau, 2 c. à soupe

Sel casher

Bananes, 4, pelées, coupées en 2 en travers puis en 4 sur la longueur

Crème glacée à la vanille

4 PORTIONS

1   Préchauffer le four à 180 °C (350 °F). En remuant à l'occasion, faire griller la noix de coco sur une plaque à pâtisserie à rebord 5 minutes ou jusqu'à ce qu'elle soit légèrement dorée.

2   Dans une grande poêle, faire fondre le beurre à feu moyen. Ajouter le sucre brun et bien remuer. Ajouter le rhum et une pincée de sel, et bien remuer. Ajouter les morceaux de banane, face coupée dessous, et baisser le feu à moyen-doux. En les retournant une fois, cuire 5 minutes ou jusqu'à ce qu'ils soient dorés et tout juste tendres.

3   Répartir les morceaux de banane et la sauce dans des assiettes à dessert. Accompagner d'une boule de crème glacée, garnir de noix de coco grillée et servir aussitôt.

Le riz au lait est un dessert consistant et réconfortant qui remplace agréablement le pouding vapeur épaissi à la farine tout en étant exempt de gluten. Il se consomme chaud ou froid.

Riz au lait et aux raisins secs

Lait, 825 ml (3⅓ tasses), ou plus au besoin

Riz arborio, 150 g (⅔ tasse)

Raisins secs dorés, 90 g (½ tasse)

Sucre, 120 g (½ tasse)

Sel casher, ¼ c. à café

Sirop d'érable pur, 3 c. à soupe

Extrait pur de vanille, 1 c. à café

Noix de muscade fraîchement râpée

6 PORTIONS

1 Dans une casserole épaisse, porter à ébullition à feu vif le lait, le riz, les raisins secs, le sucre et le sel ; remuer à l'occasion. Baisser le feu à doux et, en remuant souvent, cuire à découvert 40 minutes ou jusqu'à ce que le riz soit tendre et que la préparation épaississe.

2 Ajouter le sirop d'érable, la vanille et la muscade au goût. Bien remuer.

3 Pour servir chaud, déposer sans attendre la préparation à la cuiller dans des bols. Ou réfrigérer et servir froid, en ajoutant du lait au besoin. Se conservera 2 jours au réfrigérateur.

À défaut de sirop d'érable, employez une quantité égale de sucre brun foncé.

Les amateurs de pâtisseries pourraient avoir du mal
à trouver des solutions de rechange sans gluten dans
le commerce. C'est ici qu'intervient la meringue, mélange
à base de blanc d'œuf et de sucre qui peut remplacer les
biscuits et fonds dans une foule de desserts. Sa préparation
demande un certain temps, mais comme elle se conserve
plusieurs jours, on peut facilement la concocter durant
le week-end et la consommer en semaine.

Meringues

Le blanc de 2 gros œufs, à température ambiante

Sel casher

Crème de tartre, ¼ c. à café

Sucre superfin, 90 g (¾ tasse)

Extrait pur de vanille, ½ c. à café

ENVIRON 3 DOUZAINES DE BISCUITS OU 12 À 16 FONDS

Préchauffer le four à 135 °C (275 °F). Tapisser de papier parchemin 2 grandes plaques à pâtisserie à rebord.

Dans le bol d'un batteur sur socle muni d'un fouet, mélanger les blancs d'œufs, une petite pincée de sel et la crème de tartre, et battre à basse vitesse 1 minute ou jusqu'à ce que le sel et la crème de tartre soient dissous et que la préparation mousse. Régler l'appareil à vitesse moyenne et continuer à battre, 2 ou 3 minutes ou jusqu'à ce que la préparation commence à prendre. Régler l'appareil à vitesse moyenne-haute et battre jusqu'à ce que les blancs forment des pics mous sur le fouet.

Régler l'appareil à haute vitesse et ajouter le sucre en le saupoudrant et en battant 15 secondes chaque fois. Quand tout le sucre est incorporé, continuer à battre environ 1 minute ou jusqu'à ce que les blancs forment sur le fouet des pics durs et brillants dont les pointes s'incurvent à peine. Ajouter l'extrait de vanille en battant bien.

Biscuits

Déposer la préparation sur la plaque à pâtisserie à raison de deux cuillerées par biscuit, en les espaçant de 5 ou 6 cm. Cuire environ 30 minutes, ou jusqu'à ce que les meringues soient légèrement dorées. Éteindre le feu et ouvrir la porte du four d'environ 2,5 cm (1 po). Laisser refroidir complètement dans le four avant de servir (environ 2 heures).

Fonds

À l'aide d'une grosse cuiller, déposer le douzième ou le seizième du mélange sur la plaque à pâtisserie. Avec le dos de la cuiller, l'étaler en pratiquant des mouvements circulaires de manière à obtenir un cercle de 10 cm (4 po) ; former un creux au centre. Répéter pour le reste de la préparation. Cuire les fonds environ 1 heure ou jusqu'à ce qu'ils soient dorés et ne soient plus collants à la surface. Éteindre le feu et ouvrir la porte du four d'environ 2,5 cm (1 po). Laisser refroidir complètement dans le four avant de servir (environ 2 heures).

Servez les desserts à la meringue tels que la pavlova garnis de crème glacée, sorbet, crème fouettée, yogourt à la grecque sucré, fruits frais sucrés ou d'un mélange de ces ingrédients.

Incorporez 6 c. à soupe d'amandes, pistaches ou noisettes grillées et finement hachées dans la meringue avant de la mettre à cuire.

Incorporez 6 c. à soupe de grains de chocolat miniatures ou de noix de coco séchée et sucrée dans la meringue avant de la mettre à cuire.

Les macarons à la noix de coco sont naturellement exempts de gluten. Si désiré, trempez la base des biscuits dans du chocolat fondu, remettez-les sur la plaque et réfrigérez-les le temps que le chocolat durcisse.

Macarons à la noix de coco

Le blanc de gros œufs, 3, à température ambiante

Crème de tartre, ¼ c. à thé

Sel casher

Sucre, 180 g (¾ tasse)

Extrait pur de vanille, ½ c. à thé

Noix de coco sans gluten hachée et sucrée, 300 g (4½ tasses)

DONNE ENVIRON 48 BISCUITS

1   Préchauffer le four à 165 °C (325 °F). Tapisser de papier parchemin trois plaques à pâtisserie. Dans un grand bol, mélanger les blancs d'œufs et la crème de tartre. À l'aide d'un batteur réglé à vitesse moyenne-haute, fouetter 1 minute ou jusqu'à ce que la préparation soit très mousseuse. Ajouter une pincée de sel. En battant sans cesse, ajouter graduellement le sucre et battre en neige, 3 à 4 minutes.

2   À l'aide d'une spatule en caoutchouc, incorporer la vanille. Ajouter en trois fois la noix de coco dans les blancs battus, en l'incorporant tout juste, sans trop mélanger. Déposer des cuillerées du mélange sur les plaques en les espaçant de 4 cm (1½ po). Cuire 19 à 22 minutes ou jusqu'à ce que les bords des biscuits soient légèrement dorés.

3   Laisser refroidir les biscuits complètement sur les plaques, environ 30 minutes. Ils se conserveront 4 jours à température ambiante dans un récipient étanche, en une seule couche.

Pour séparer le blanc d'œuf du jaune, il vous faudra 2 petits bols. Cassez un œuf et écartez les moitiés de coquille. Faites passer délicatement le jaune entre elles en laissant le blanc s'écouler dans un bol. Déposez le jaune dans l'autre bol.

Séparez avec soin les blancs des jaunes. Une seule petite goutte de jaune dans le blanc d'œuf peut compromettre la préparation.

J'ai créé la recette de ces biscuits pour le souper de préparation de mon mariage. Ils ont disparu rapidement sans que personne ne se doute qu'ils étaient exempts de gluten. De plus, ils se conservent et se congèlent bien.

Biscuits à l'avoine, au gingembre et à la cerise

Beurre non salé, 60 g (¼ tasse), à température ambiante

Sucre brun, 180 g (¾ tasse), tassé

Sucre cristallisé, 180 g (¾ tasse)

Gros œufs, 2

Bicarbonate de soude, 1¼ c. à café

Extrait pur de vanille, 1 c. à café

Sel casher, ¼ c. à café

Beurre d'amandes grillées, 300 g (1 tasse)

Flocons d'avoine sans gluten, 270 g (3 tasses)

Gingembre confit, 90 g (½ tasse), haché

Cerises séchées, 90 g (⅔ tasse)

DONNE ENVIRON 48 BISCUITS

On peut remplacer le gingembre confit et les cerises séchées par des amandes grillées grossièrement hachées, des raisins secs et des grains de chocolat.

1   Préchauffer le four à 180 °C (350 °F). Beurrer légèrement des plaques à biscuits. Dans le bol du batteur équipé d'un fouet plat, battre le beurre en crème. Ajouter le sucre brun et le sucre cristallisé, et bien mélanger. Ajouter les œufs, le bicarbonate de soude, la vanille et le sel, et battre jusqu'à ce que la préparation soit homogène. Ajouter le beurre d'amandes et battre jusqu'à ce que la préparation soit homogène. Ajouter en battant les flocons d'avoine, le gingembre et les cerises.

2   Déposer la pâte par cuillerées à café sur les plaques, en les espaçant de 5 cm (2 po). Cuire 12 minutes ou jusqu'à ce que les biscuits soient légèrement dorés sur les bords. Laisser refroidir sur les plaques 4 minutes puis complètement sur des grilles. Les biscuits se conserveront une semaine à température ambiante dans un récipient étanche.

La cuisine sans gluten

Le gluten est présent dans le blé, l'orge, le seigle, le malt et les produits transformés, de même que sur les ustensiles et l'équipement servant à préparer les aliments qui en renferment. D'où l'importance d'apporter quelques changements dans l'organisation de votre cuisine et dans vos approvisionnements.

Réorganisez votre cuisine

Si tous n'ont pas renoncé au gluten à la maison, vous devrez vous protéger, ainsi que les vôtres, de la contamination accidentelle par cette protéine. Réservez un placard aux aliments sans gluten, de même qu'une ou deux planches à découper pour leur préparation (une simple miette de pain peut compromettre le système immunitaire des personnes souffrant de sensibilité ou d'allergie au gluten). Enfin, selon le degré de sensibilité des membres de votre famille, vous souhaiterez peut-être vous procurer des ustensiles et des appareils distincts, histoire d'éviter tout contact avec les ingrédients qui en renferment : grille-pain (pour le pain sans gluten), passoire (pour les pâtes sans gluten), autres ustensiles et fournitures, y compris les éponges et les torchons en cas d'intolérance grave ou de maladie cœliaque.

Optez pour les aliments complets

Autant que possible, je fais mes courses au marché, mais certains ingrédients ne se trouvent qu'en épicerie. En règle générale, je m'en tiens aux rayons situés en périphérie – fruits et légumes, produits laitiers, boucherie, poissonnerie – où se trouvent les aliments entiers et non transformés. Je passe rapidement dans les allées pour prendre des pâtes et grains sans gluten, des tomates en boîte, du bouillon, des croustilles de maïs et d'autres produits semblables qui compléteront les aliments frais. J'évite le rayon des produits en vrac qui, bien qu'ils soient généralement exempts de gluten, risquent d'avoir été contaminés lors du remplissage ou par des clients.

Lisez les étiquettes

Je lis toujours attentivement les étiquettes des produits transformés, le gluten pouvant être présent dans les soupes, sauces en bouteille, sauces à salade, charcuteries, mélanges de noix aromatisés, bouillons, et une foule d'autres produits. De plus, on en ajoute parfois dans les produits transformés qui en sont naturellement exempts afin d'en rehausser la consistance et la saveur. On trouve sur certains sites Internet des listes de produits transformés qui en sont exempts. Vous gagnerez du temps si vous les consultez.

Si on vous invite à une fête, apportez un plat

Comme je dois désormais surveiller de plus près mon alimentation, quand je suis invitée à manger, j'offre d'apporter un plat. J'ai ainsi l'assurance de pouvoir avaler quelque chose qui sera exempt de gluten. Voici quelques suggestions parmi tant d'autres : assiette de légumes, olives et houmous de haricots blancs (page 24) ; salade de pois chiches à l'indienne (page 48) ; taboulé au quinoa (page 55) ; salade de haricots blancs, thon, fenouil et olives (page 73).

Cuisine
de saison

Outre le fait que je ne consomme plus de gluten, mon approche culinaire n'a pas changé. Je fréquente les marchés publics depuis longtemps afin de m'approvisionner en fruits, légumes et herbes de saison. Du fait de leur fraîcheur, il suffit de peu pour en exalter la saveur. Je peux donc préparer facilement et rapidement un repas tous les soirs de la semaine.

Si les produits de saison sont si savoureux, c'est qu'ils sont cultivés dans des conditions qui leur conviennent tout particulièrement. Mais une autre raison de les préférer aux produits importés, c'est qu'ils sont souvent meilleur marché, particulièrement quand les récoltes sont abondantes. J'éprouve d'autant plus de plaisir à m'approvisionner auprès de producteurs locaux que je sais que je contribue à leur prospérité.

En plus de ce qui est offert sur les étals du marché, quand je fais mes courses, je tiens compte de la température. Ainsi, quand la soirée est chaude, je pourrais opter pour une salade d'ingrédients crus ou un souper au barbecue ; par contre, quand le temps fraîchit, je choisirai plutôt un braisé réconfortant ou un plat rôti au four. Le tableau à droite vous aidera à décider de votre menu tout au long de l'année.

Produits de saison

La liste ci-dessous présente les principaux fruits, légumes et herbes selon les saisons. Il s'agit d'indications générales, le climat variant d'une région à l'autre et, en conséquence, l'offre.

Printemps

- Asperge
- Carotte
- Champignons sauvages
- Épinard
- Fraise
- Haricot vert
- Herbes: ciboulette, coriandre, aneth, menthe et persil
- Laitue
- Oignon vert
- Petit chou frisé
- Petits pois
- Pomme de terre nouvelle
- Pois gourmands
- Radis

Été

- Aubergine
- Concombre
- Courgette
- Fruits à noyau
- Haricot vert
- Herbes: basilic, menthe et persil
- Maïs
- Melon
- Poivron
- Piment
- Tomate

- Verdures: roquette et épinard

Automne

- Brocoli
- Champignons sauvages
- Chou de Bruxelles
- Chou-fleur
- Courge
- Herbes: laurier, romarin et sauge
- Légumes à feuilles vertes: chou frisé et bette à carde
- Panais
- Patate douce
- Poire
- Pomme

Hiver

- Agrumes
- Chou
- Courge
- Cresson de fontaine
- Fenouil
- Herbes: romarin et sauge
- Légumes à feuilles vertes: chou frisé et bette à carde
- Panais
- Patate douce

Un garde-manger bien garni

Il est facile de préparer des repas rapides en semaine quand le garde-manger est bien garni en denrées de base. Dresser la liste des produits demande un peu plus de réflexion quand on veut éviter le gluten, mais une fois que vous disposerez de pâtes et de grains sans gluten, de haricots et tomates en boîte, d'un bon choix de condiments et de sauces, bouillons sans gluten, épices, herbes aromatiques, et collations, vous n'aurez à faire vos courses qu'une ou deux fois par semaine pour vous procurer les aliments périssables.

Vous trouverez dans la liste à droite les produits que j'ai employés pour la création des recettes de ce livre. À vous de la modifier en fonction de vos besoins. Reportez-vous à la page 216 pour la liste des produits sans gluten du commerce que je recommande.

Si vous, ou l'un de vos proches, souffrez d'intolérance ou de sensibilité au gluten, vous devrez vous montrer particulièrement vigilant dans le choix de vos aliments. Lisez attentivement les étiquettes. Certains produits naturellement exempts de cette protéine pourraient être contaminés par d'autres qui en renferment durant les étapes de fabrication ou de conditionnement en usine. En outre, comme la composition des produits peut changer, lisez toujours les étiquettes.

Le contenu de votre garde-manger

Les produits ci-dessous entrent dans la composition de nombreux plats dont les recettes figurent dans ce livre. Un garde-manger bien fourni vous permettra de préparer en tout temps des repas sans gluten (SG) savoureux.

Condiments et sauces

- ☐ Bouillon de bœuf, poulet et légumes SG
- ☐ Huile d'olive extra-vierge
- ☐ Ketchup SG
- ☐ Mayonnaise SG
- ☐ Mélasse de grenade
- ☐ Moutarde de Dijon
- ☐ Pâte de cari à la thaïlandaise
- ☐ Pâte de piment SG
- ☐ Pâte de tomate SG
- ☐ Sauce de poisson asiatique
- ☐ Sauce hoisin SG
- ☐ Tamari SG
- ☐ Vinaigre balsamique
- ☐ Vinaigre de xérès

Épices

- ☐ Coriandre moulue
- ☐ Cumin moulu
- ☐ Flocons de piment rouge
- ☐ Graines de fenouil
- ☐ Marjolaine séchée
- ☐ Paprika doux
- ☐ Paprika fumé
- ☐ Piment chipotle moulu
- ☐ Piment de Cayenne
- ☐ Poudre de piment ancho
- ☐ Poivre noir en grains
- ☐ Sel casher

Denrées de base

- ☐ Farine de pois chiches SG
- ☐ Flocons d'avoine SG
- ☐ Haricots en boîte
- ☐ Lait de coco
- ☐ Mélange de farines SG
- ☐ Nouilles asiatiques SG
- ☐ Nouilles de riz
- ☐ Pâtes SG
- ☐ Polenta SG
- ☐ Quinoa
- ☐ Riz
- ☐ Riz basmati ou jasmin complet
- ☐ Semoule de maïs SG
- ☐ Tomates en boîte
- ☐ Tortillas de maïs SG
- ☐ Vermicelles de riz

Collations

- ☐ Craquelins SG
- ☐ Craquelins de riz SG
- ☐ Croustilles de maïs SG
- ☐ Croustilles multigrains SG

Cuisine efficace

Je planifie mes repas en fonction des ingrédients dont je dispose, les produits frais et de saison en constituant la base. Une fois mon menu arrêté, j'ai recours aux stratégies suivantes pour m'assurer que je pourrai préparer en quelques minutes un repas sans gluten substantiel.

Planifiez à l'avance

Si ma semaine menace d'être chargée, je planifie mes repas et achète viande, volaille et poisson le week-end. De retour à la maison, j'emballe, identifie et congèle ce que je n'emploierai pas au début de la semaine (pensez à sortir les aliments du congélateur et à les mettre à dégeler au frigo la veille). Ou encore, si je pense me trouver à proximité du marché, de la boucherie ou de la poissonnerie durant la semaine, je planifie mes repas en conséquence. Au marché, j'opte de préférence pour des légumes que je peux préparer rapidement, par exemple en les faisant cuire à la vapeur, sauter ou rôtir, et qui accompagneront mes repas sans gluten.

Faites preuve d'organisation

Avant de commencer à cuisiner, je réunis et mesure tous mes ingrédients. Ainsi, je n'aurai pas à partir à la recherche d'un ingrédient manquant à la dernière minute, sans compter que ma cuisine s'en trouve moins encombrée. De plus, autant que possible, j'emploie un minimum de casseroles pour la préparation des repas, histoire de rationaliser le processus et de limiter la corvée de vaisselle.

Faites preuve de créativité

Revoyez votre conception du repas du soir. Ainsi, au souper, nous consommons volontiers des plats qu'on est plus souvent porté à servir le matin ou le midi, par exemple, des œufs, des tacos, des roulés ou de la pizza.

Minutez

Je garde à portée de main les grains à cuisson rapide comme le quinoa et le riz jasmin ou basmati complet et les mets à cuire tandis que je prépare les autres ingrédients du repas. Ils sont prêts à servir quand nous avons terminé l'entrée. Vous trouverez quelques recettes de base aux pages 74 et 214.

Faites provision de sauces

Naturellement exemptes de gluten, les sauces froides telles que salsas, pestos, raitas et vinaigrettes peuvent agrémenter une foule de plats. On peut souvent les préparer à l'avance et en bonne quantité de manière à en disposer en semaine. Vous trouverez quelques suggestions aux pages 214 et 215.

Doublez les quantités

Pour gagner du temps, je double souvent les quantités d'ingrédients suggérés dans les recettes et garde les surplus pour un autre repas. Soupes, ragoûts, poulet rôti ou légumes rôtis peuvent ainsi être préparés durant le week-end et servis en semaine. Je fais aussi cuire de bonnes quantités de quinoa ou de riz, qui serviront à la confection ultérieure de salades.

Utilisez au mieux vos restes

À mes yeux, le mot «restes» n'a rien de péjoratif. En fait, bien des plats gagnent en saveur quand ils sont réchauffés, sans compter qu'il est réconfortant de rentrer d'une journée chargée en sachant qu'un repas tout prêt vous attend.

Visez les surplus

Comme mes journées sont chargées, j'ai pris l'habitude de créer des plats avec les restes de la veille. Je ne cuisine habituellement que pour deux personnes, mais mes recettes sont souvent conçues pour quatre, ce qui me permet de disposer de restes. Mélangés avec du riz, du quinoa cuit ou des pâtes sans gluten et assaisonnés d'une vinaigrette élaborée ou d'une simple sauce, ces plats sont grandement appréciés plus tard en semaine.

Cuisinez le week-end

Comme je passe généralement plus de temps dans la cuisine quand je suis en congé, j'en profite pour faire rôtir un poulet de plus ou griller un ou deux biftecks supplémentaires qui serviront à la préparation de salades, roulés ou plats de pâtes en semaine.

Pensez roulés...

Coupez des restes de viande, de volaille, de poisson ou de légumes en morceaux de la grosseur d'une bouchée et réchauffez-les à la poêle. Farcissez-en des tortillas de maïs et garnissez de salsa du commerce.

... et soupes consistantes

Faites sauter un oignon haché, ajoutez-y une ou deux boîtes de haricots égouttés et de bouillon ainsi que des restes de légumes, viande ou volaille.

Conservation des restes

Les conseils suivants vous permettront de préserver la fraîcheur des restes et de les transformer en repas savoureux.

- Laissez les aliments refroidir légèrement puis mettez-les au réfrigérateur avant de les congeler.

- Une fois refroidis, mettez-les dans un récipient étanche en plastique ou en verre ; faites un vide d'air si vous comptez les congeler.

- Comptez quatre jours pour leur conservation au réfrigérateur et quatre mois au congélateur.

- Congelez vos aliments par petites portions. Ainsi, vous n'aurez à réchauffer que ce qu'il faut pour une ou deux personnes.

- Indiquez clairement sur le récipient le nom du plat et la date à laquelle vous l'avez congelé. Pensez à le sortir du congélateur et à le mettre au réfrigérateur la veille du jour où vous comptez le servir. Il se réchauffera ainsi plus rapidement.

- Pour éviter toute contamination bactérienne, décongelez les aliments au frigo ou au micro-ondes, jamais à température ambiante.

- N'entassez pas les aliments au frigo ou au congélateur. L'air doit circuler librement tout autour.

- Planifiez votre menu en tenant compte des restes qui devraient être utilisés durant la semaine. Visez à les consommer au bout d'un jour ou deux.

Recettes de base

Voici quelques recettes simples pour la préparation de grains, légumes féculents et plats d'accompagnement qui compléteront vos repas sans gluten.

Riz jasmin ou basmati complet

Riz jasmin ou basmati complet, 210 g (1 tasse)

Dans une casserole, porter à ébullition 375 ml (1½ tasse) d'eau salée. Ajouter le riz et porter de nouveau à ébullition. Baisser le feu à doux, couvrir et laisser cuire 30 minutes. Éteindre le feu et laisser reposer à couvert 5 minutes. Aérer le riz à la fourchette et servir.

4 PORTIONS

Purée de pommes de terre

Pommes de terre Russet, 675 g (1½ lb), pelées
Beurre ou huile d'olive, 2 c. à soupe
Sel casher et poivre noir fraîchement moulu

Couper les pommes de terre en morceaux de 2 cm (¾ po) et les faire cuire dans de l'eau bouillante salée 15 minutes ou jusqu'à ce qu'elles soient tendres. Égoutter en réservant environ 125 ml (½ tasse) du liquide de cuisson et remettre dans la casserole. Ajouter le liquide réservé et écraser à la fourchette à la consistance désirée. Incorporer le beurre ou l'huile d'olive ; saler et poivrer au goût. Servir aussitôt.

4 PORTIONS

Purée de patates douces

Patates douces, 675 g (1½ lb), pelées
Beurre ou huile d'olive, 2 c. à soupe
Herbes fraîches telles que thym, sauge ou persil plat, environ 2 c. à soupe, émincées (facultatif)
Sel casher et poivre noir fraîchement moulu

Couper les patates en morceaux de 1 à 2 cm (½ à ¾ po) et cuire à la vapeur au-dessus d'une eau bouillante salée 15 minutes ou jusqu'à tendreté.

Les déposer dans un bol, en réservant environ 125 ml (½ tasse) de liquide de cuisson. Écraser grossièrement à la fourchette en ajoutant ce qu'il faut de liquide réservé pour obtenir la consistance désirée. Incorporer le beurre ou l'huile d'olive et les herbes, si désiré. Saler et poivrer au goût. Servir aussitôt.

4 PORTIONS

Pesto roquette-citron

Petite échalote, ½
Petites feuilles de roquette, 30 g (1 tasse), en sachet
Amandes grillées, 30 g (¼ tasse)
Huile d'olive extra-vierge, 60 ml (¼ tasse)
Zeste de citron, 1 c. à thé, râpé finement
Jus de citron frais, 1 c. à soupe
Sel casher et poivre noir fraîchement moulu

Émincer l'échalote au robot culinaire. Ajouter la roquette et les amandes, et moudre finement. En laissant le moteur tourner, ajouter graduellement l'huile en ne mélangeant que le temps de l'incorporer. Ajouter le zeste et le jus de citron. Saler et poivrer au goût. Employer aussitôt ou couvrir et réfrigérer (se conservera 3 jours au frigo). Porter à la température ambiante avant de servir.

4 PORTIONS

Pesto à la menthe

Feuilles de menthe fraîches, 8 g (¼ tasse), en sachet
Amandes entières rôties, 30 g (¼ tasse)
Petite échalote, ½
Huile d'olive extra-vierge, 60 ml (¼ tasse)
Jus de citron frais, 1½ c. à café
Sel casher et poivre noir fraîchement moulu

Dans un robot culinaire, moudre finement la menthe, les amandes et l'échalote. En laissant le moteur tourner, ajouter graduellement l'huile. Incorporer le jus de citron ; saler et poivrer au goût. Employer aussitôt ou couvrir et conserver au réfrigérateur (3 jours ou moins). Porter à la température ambiante avant de servir.

4 PORTIONS

Salsa verde

Huile d'olive exta-vierge, 125 ml (½ tasse)

Persil plat frais, 15 g (⅓ tasse), émincé

Oignons verts, 3, tranchés finement

Zeste de citron, 1½ c. à café, râpé

Jus de citron frais, 1½ c. à soupe

Sel casher et poivre noir fraîchement moulu

Dans un petit bol, mélanger l'huile, le persil, les oignons verts, le zeste et le jus de citron. Saler et poivrer au goût. Employer aussitôt ou couvrir et conserver au réfrigérateur (3 jours ou moins). Porter à la température ambiante avant de servir.

4 PORTIONS

Guacamole

Coriandre fraîche, 10 g (¼ tasse), émincée

Jus de citron vert frais, 2 c. à soupe

Pâte de piment asiatique telle que sambal œlek ou sriracha, 1 c. à café

Sel casher, ¼ c. à café

Avocats mûrs, 2, pelés et coupés en morceaux de 1 à 2 cm (½ à ¾ po)

Dans un bol moyen, mélanger la coriandre, le jus de lime, la pâte de chili et le sel, et écraser à la fourchette. Ajouter les avocats et mélanger en écrasant légèrement. Verser dans un bol et servir aussitôt.

4 PORTIONS

Salade de chou à l'orientale

Huile végétale, 3 c. à soupe

Vinaigre de riz, 2 c. à soupe

Gingembre frais, ½ c. à soupe, émincé

Sucre, 1½ c. à café

Huile de sésame asiatique, 1½ c. à café

Pâte de piment asiatique telle que sambal œlek, ¾ c. à café

Chou chinois, 560 g (6 tasses), émincé finement, (environ ½ grosse pomme)

Oignons verts, 4, tranchés finement

Sel casher et poivre noir fraîchement moulu

Graines de sésame rôties, 1 c. à soupe (facultatif)

Dans un petit bol, mélanger l'huile d'olive, le vinaigre, le gingembre, le sucre, l'huile de sésame et la pâte de piment. Dans un grand bol, mélanger le chou et les oignons verts. Arroser de sauce et bien remuer. Saler et poivrer au goût. Parsemer de graines de sésame, si désiré. Laisser reposer quelques minutes avant de servir.

4 PORTIONS

Crème fouettée sucrée

Crème épaisse froide, 125 ml (½ tasse)

Sucre, 2 c. à café

Extrait pur de vanille, ½ c. à café

Dans un bol refroidi, mélanger la crème, le sucre et la vanille. À l'aide d'un batteur réglé à vitesse moyenne-haute, battre jusqu'à la formation de pics mous. Employer aussitôt ou couvrir et réfrigérer jusqu'au moment de servir.

DONNE ENVIRON 250 ML (1 TASSE)

Produits sans gluten

Voici la liste de certains de mes produits sans gluten préférés. Si vous souffrez d'intolérance ou de sensibilité à cette protéine, lisez attentivement les étiquettes des produits et, en cas de doute, communiquez avec le fabricant. Comme les formulations changent souvent, vérifiez régulièrement.

Mélanges de farines

FARINE À PÂTISSERIE SANS GLUTEN BOB'S RED MILL
www.bobsredmill.com/gluten-free

FARINE SANS GLUTEN CUP4CUP
www.cup4cup.com
www.williams-sonoma.com/products/
cup4cup-gluten-free-flour/

FARINE SANS GLUTEN KING ARTHUR
www.kingarthurflour.com/glutenfree

Pains et petits pains

UDI'S
udisglutenfree.com

Bouillons

BOUILLONS NATURAL GOODNESS DE SWANSON en carton aseptique: bouillon de poulet, bouillon de bœuf;
en boîte: bouillon de poulet, bouillon de légumes
www.swansonbroth.com

Farine de pois chiches

FARINE DE POIS CHICHES SANS GLUTEN BOB'S RED MILL
www.bobsredmill.com/gluten-free

Pâte de piment

SRIRACHA ET SAMBAL ŒLEK HUY FONG
www.huyfong.com

Croustilles

CROUSTILLES DE MAÏS, MULTIGRAINS, À LA PATATE DOUCE, AU MAÏS BLEU ET AUTRES DE FOOD SHOULD TASTE GOOD
www.foodshouldtastegood.com

CROUSTILLES DE MAÏS BLEU AU SÉSAME ET AUTRES DE GARDEN OF EATIN'
www.gardenofeatin.com

CROUSTILLES BIOLOGIQUES MULTIGRAINS LATE JULY
www.latejuly.com

Flocons de maïs

FLOCONS DE MAÏS ÉDULCORÉS AU JUS DE FRUIT NATURE'S PATH
www.us.naturespath.com

FLOCONS DE MAÏS BIOLOGIQUES EREWHON
www.attunefoods.com/products/
Produits sans gluten Erewhon

Semoule de maïs

SEMOULE DE MAÏS SANS GLUTEN BOB'S RED MILL
www.bobsredmill.com/gluten-free

Craquelins

CRAQUELINS AU RIZ ET AUX FRUITS À COQUE BLUE
DIAMOND
www.bluediamond.com

Sauce hoisin

SAUCE HOISIN DYNASTY
www.jfc.com

Ketchup

KETCHUP HEINZ
www.heinz.com/glutenfree/products.html

Flocons d'avoine

FLOCONS D'AVOINE SANS GLUTEN BOB'S RED MILL
www.bobsredmill.com/gluten-free

GLUTEN-FREE HARVEST
www.glutenfreeoats.com

FLOCONS D'AVOINE SANS GLUTEN DE TRADER JOE'S
www.traderjoes.com/lists/no-gluten.asp

Mayonnaise

MAYONNAISE VÉRITABLE BEST FOODS
www.bestfoods.com

MAYONNAISE VÉRITABLE HELLMANN'S
www.hellmanns.com

Pâtes alimentaires

PÂTES DE QUINOA ANCIENT HARVEST
(farine de maïs et de quinoa)
www.quinoa.net/145/163.html

PÂTES SANS GLUTEN SCHÄR
(farine de maïs et de riz, protéine de pois)
www.schar.elsstore.com/

Nouilles de riz

NOUILLES PAD THAÏ ANNIE CHUN'S
www.anniechun.com

VERMICELLES DE SOYA (SAIFUN) ET DE RIZ (MAIFUN)
DYNASTY
www.jfc.com

Tamari

TAMARI BIOLOGIQUE ET SANS GLUTEN SAN J
www.san-J.com

Tortillas

TORTILLAS DE MAÏS ET LIN SMART AND DELICIOUS FIBER
DE LA TORTILLA FACTORY
www.latortillafactory.com

Index